HISTOIRE

DE MA VIE

21

PARIS. — TYPOGRAPHIE DE HENRI PLON

8, rue Garancière.

HISTOIRE
DE MA VIE

PAR

GEORGE SAND

TOME NEUVIÈME

PARIS
MICHEL LÉVY FRÈRES, LIBRAIRES-ÉDITEURS
RUE VIVIENNE, 2 bis

1856
1857

HISTOIRE
DE MA VIE

QUATRIÈME PARTIE
(Suite.)

CHAPITRE QUINZIÈME

Nous étions alors trois Berrichons à Paris, Félix
Pyat, Jules Sandeau et moi, apprentis littéraires,

sous la direction d'un quatrième Berrichon, M. Delatouche. Ce maître eût dû, et il eût voulu sans doute, être un lien entre nous, et nous comptions ne faire qu'une famille en Apollon, dont il eût été le père. Mais son caractère aigri, susceptible et malheureux, trahit les intentions et les besoins de son cœur, qui était bon, généreux et tendre. Il se brouilla tour à tour avec nous trois, après nous avoir un peu brouillés ensemble.

J'ai dit, dans un article nécrologique assez détaillé sur M. Delatouche, tout le bien et tout le mal qui étaient en lui, et j'ai pu dire le mal sans manquer en rien à la reconnaissance que je lui devais et à la vive amitié que je lui avais rendue plusieurs années avant sa mort. Pour montrer combien ce mal, c'est-à-dire cette douleur inquiète, cette susceptibilité maladive, cette misanthropie, en un mot, était fatale et involontaire, je n'ai eu qu'à citer des fragments de ses lettres, où lui-même, en quelques mots pleins de grâce et de force, se peignait dans sa grandeur et dans sa souffrance. J'avais déjà écrit sur lui, pendant sa vie, avec le même sentiment de respect et d'affection. Je n'ai jamais eu rien à me reprocher envers lui, pas même l'ombre d'un tort, et je n'aurais jamais su comment et pourquoi j'avais pu lui déplaire, si je n'avais vu par moi-même, au déclin rapide de sa vie, combien il était profondément atteint d'une hypocondrie sans ressources.

Il m'a rendu justice en voyant que j'étais juste envers lui, c'est-à-dire prompte à courir à lui dès qu'il m'ouvrit des bras paternels, sans me souvenir de ses colères et de ses injustices mille fois réparées, selon moi, par un élan, par un repentir, par une larme de son cœur.

Je ne pourrais résumer ici l'ensemble de son caractère et de ses rapports avec moi personnellement, comme je l'ai fait dans un opuscule spécial, sans sortir de l'ordre de mon récit, faute que j'ai déjà trop commise et qui m'a paru souvent inévitable, les personnes et les choses ayant besoin de se compléter dans le souvenir de celui qui en parle pour être bien appréciées, et jugées, en dernier ressort, équitablement [1].

Mais pour ne point m'arrêter à chaque pas dans ma narration, je dirai simplement ici quels rapports s'étaient établis entre nous lorsque je publiai *Indiana* et *Valentine*.

Mon bon vieux ami Duris-Dufresne, à qui, des premiers, j'avais confié mon projet d'écrire, avait voulu me mettre en relations avec Lafayette, assurant qu'il me prendrait en amitié, que je lui serais très-sympathique et qu'il me lancerait avec sollicitude dans le monde des arts, où il avait de nombreuses relations. Je me refusai à cette entrevue,

[1] Encore une raison pour ne parler des vivants qu'avec réserve.

bien que j'eusse aussi beaucoup de sympathie pour
Lafayette, que j'allais quelquefois écouter à la tri-
bune, conduite par mon *papa* (c'est ainsi que les
huissiers de la chambre appelaient mon vieux dé-
puté quand nous nous cherchions dans les couloirs
après la séance); mais je me trouvais si peu de
chose, que je ne pus prendre sur moi d'aller occuper de ma mince personnalité le patriarche du libé-
ralisme.

Et puis, si j'avais besoin d'un patron littéraire,
c'était bien plus comme conseil que comme appui.
Je désirais savoir, avant tout, si j'avais quelque
talent, et je craignais de prendre un goût pour une
faculté. M. Duris-Dufresne, à qui j'avais lu, bien
en secret, quelques pages, à Nohant, sur l'émigra-
tion des nobles en 89, me tenait naïvement pour
un grand esprit; mais je me défiais beaucoup de sa
partialité et de sa galanterie. D'ailleurs il ne s'inté-
ressait qu'aux choses politiques, et c'est à quoi je
me sentais le moins portée.

Je lui observai que les amis étaient trop volontiers éblouis, et qu'il me faudrait un juge sans préventions. « Mais n'allons pas le chercher si haut,
lui disais-je ; les gens trop célèbres n'ont pas le
temps de s'arrêter aux choses trop secondaires. »

Il me proposa un de ses collègues à la chambre,
M. de Kératry, qui faisait des romans, et qu'il me
donna pour un juge fin et sévère. J'avais lu le *Der-*

nier des Beaumanoir, ouvrage fort mal fait, bâti
sur une donnée révoltante, mais à laquelle le goût
épicé du romantisme faisait grâce en faveur de l'audace. Il y avait cependant dans cet ouvrage des
pages assez belles et assez touchantes, un mélange
bizarre de dévotion bretonne et d'aberrations romanesques, de la jeunesse dans l'idée, de la vieillesse
dans les détails. « Votre illustre collègue est un fou,
dis-je à mon papa, et quant à son livre, j'en pourrais quelquefois faire d'aussi mauvais. Cependant
on peut être bon juge et méchant praticien. L'ouvrage n'est toujours pas d'un imbécile, il s'en faut.
Voyons M. de Kératry. Mais je loge sous les toits,
vous me dites qu'il est vieux et marié. Demandez-
lui son heure. J'irai chez lui. »

Dès le lendemain, j'eus rendez-vous chez M. de
Kératry à huit heures du matin. C'était bien matin.
J'avais les yeux gros comme le poing, j'étais com-
plétement stupide.

M. de Kératry me parut plus âgé qu'il ne l'était.
Sa figure, encadrée de cheveux blancs, était fort
respectable. Il me fit entrer dans une jolie chambre
où je vis, couchée sous un couvre-pieds de soie rose
très-galant, une charmante petite femme qui jeta
un regard de pitié languissante sur ma robe de stoff
et sur mes souliers crottés, et qui ne crut pas devoir
m'inviter à m'asseoir.

Je me passai de la permission et demandai à mon

nouveau-patron, en me fourrant dans la cheminée,
si mademoiselle sa fille était malade. Je débutais
par une insigne bêtise. Le vieillard me répondit
d'un air tout gonflé d'orgueil armoricain que c'était
là madame de Kératry, sa femme. « Très-bien, lui
dis-je, je vous en fais mon compliment ; mais elle
est malade, et je la dérange. Donc je me chauffe et
je m'en vas. — Un instant, reprit le protecteur ;
M. Duris-Dufresne m'a dit que vous vouliez écrire,
et j'ai promis de causer avec vous de ce projet ;
mais tenez, en deux mots, je serai franc, une
femme ne doit pas écrire. — Si c'est votre opinion,
nous n'avons point à causer, repris-je. Ce n'était
pas la peine de nous éveiller si matin, madame de
Kératry et moi, pour entendre ce précepte. »

Je me levai et sortis sans humeur, car j'avais
plus envie de rire que de me fâcher. M. de Kératry
me suivit dans l'antichambre et m'y retint quelques
instants pour me développer sa théorie sur l'inférior-
rité des femmes, sur l'impossibilité où était la plus
intelligente d'entre elles d'écrire un bon ouvrage
(le *Dernier des Beaumanoir* apparemment) ; et,
comme je m'en allais toujours sans discuter et sans
lui rien dire de piquant, il termina sa harangue
par un trait napoléonien qui devait m'écraser.
« Croyez-moi, me dit-il gravement comme j'ouvrais
la dernière porte de son sanctuaire, ne faites pas
de livres, faites des enfants. — Ma foi, monsieur,

lui répondis-je en pouffant de rire et en lui fermant sa porte sur le nez, gardez le précepte pour vous-même, si bon vous semble. »

Delatouche a arrangé ma réponse depuis en racontant cette belle entrevue. Il m'a fait dire *faites-en vous-même si vous pouvez*. Je ne fus ni si méchante ni si spirituelle, d'autant plus que sa petite femme avait l'air d'un ange de candeur. Je retournai chez moi fort divertie de l'originalité de ce Chrysale romantique et bien certaine que je ne m'élèverais jamais à la hauteur de ses inventions littéraires. On sait que le sujet du *Dernier des Beaumanoir* est le viol d'une femme que l'on croit morte par le prêtre chargé de l'ensevelir. Ajoutons cependant, pour rester équitable, que le livre a de très-belles pages.

Je fis rire Duris-Dufresne aux larmes en lui racontant l'aventure. En même temps, il était furieux et voulait pourfendre son Breton bretonnant. Je le calmai en lui disant que je ne donnerais pas ma matinée pour... un éditeur !

Il ne combattit plus dès lors mon projet d'aller voir Delatouche, contre lequel il m'avait exprimé jusque-là de fortes préventions. Je n'avais qu'un mot à écrire, mon nom eût suffi pour m'assurer un bon accueil de mon compatriote. J'étais intimement liée avec sa famille. Il était cousin des Duvernet, et son père avait été lié avec le mien.

Il m'appela et me reçut paternellement. Comme il savait déjà par Félix Pyat mon colloque avec M. de Kératry, il mit toute la coquetterie de son esprit, qui était d'une trempe exquise et d'un brillant remarquable, à soutenir la thèse contraire. « Mais ne vous faites pas d'illusions, cependant, me dit-il. La littérature est une ressource illusoire, et moi qui vous parle, malgré toute la supériorité de ma barbe, je n'en tire pas quinze cents francs par an, l'un dans l'autre.

— Quinze cents francs ! m'écriai-je ; mais si j'avais quinze cents francs à joindre à ma petite pension, je m'estimerais très-riche, et je ne demanderais plus rien ni au ciel ni aux hommes, pas même une barbe !

— Oh ! reprit-il en riant, si vous n'avez pas plus d'ambition que cela, vous simplifiez la question. Ce ne sera pas encore la chose la plus facile du monde que de gagner quinze cents francs, mais c'est possible, si vous ne vous rebutez pas des commencements. »

Il lut un roman dont je ne me rappelle même plus le titre ni le sujet, car je l'ai brûlé peu de temps après. Il le trouva, avec raison, détestable. Cependant il me dit que je devais en savoir faire un meilleur, et que peut-être un jour j'en pourrais faire un bon. « Mais il faut vivre pour connaître la vie, ajouta-t-il. Le roman, c'est la vie racontée

avec art. Vous êtes une nature d'artiste, mais vous
ignorez la réalité, vous êtes trop dans le rêve. Pa-
tientez avec le temps et l'expérience, et soyez tranquille : ces deux tristes *conseilleurs* viendront assez
vite. Laissez-vous enseigner par la destinée, et tâchez
de rester poëte. Vous n'avez pas autre chose à
faire. »

Cependant, comme il me voyait assez embarrassée
de suffire à la vie matérielle, il m'offrit de me faire
gagner quarante ou cinquante francs par mois, si
je pouvais m'employer à la rédaction de son petit
journal. Pyat et Sandeau étaient déjà occupés à
cette besogne. J'y fus associée un peu par-dessus le
marché.

Delatouche avait acheté le *Figaro*, et il le faisait
à peu près lui-même, au coin de son feu, en causant
tantôt avec ses rédacteurs, tantôt avec les nombreuses visites qu'il recevait. Ces visites, quelquefois
charmantes, quelquefois risibles, posaient un peu,
sans s'en douter, pour le secrétariat respectable qui,
retranché dans les petits coins de l'appartement, ne
se faisait pas faute d'écouter et de critiquer.

J'avais ma petite table et mon petit tapis auprès
de la cheminée; mais je n'étais pas très-assidue à
ce travail, auquel je n'entendais rien. Delatouche
me prenait un peu au collet pour me faire asseoir;
il me jetait un sujet et me donnait un petit bout de
papier sur lequel il fallait le faire tenir. Je barbouil-

4.

lais dix pages que je jetais au feu et où je n'avais
pas dit un mot de ce qu'il fallait traiter. Les autres
avaient de l'esprit, de la verve, de la facilité. On
causait et on riait. Delatouche était étincelant de
causticité. J'écoutais, je m'amusais beaucoup, mais
je ne faisais rien qui vaille, et, au bout du mois, il
me revenait douze francs cinquante centimes ou
quinze francs tout au plus pour ma part de collaboration, encore était-ce trop bien payé.

Delatouche était adorable de grâce paternelle, et
il se rajeunissait avec nous jusqu'à l'enfantillage.
Je me rappelle un dîner que nous lui donnâmes chez
Pinson et une fantastique promenade au clair de la
lune que nous lui fîmes faire à travers le quartier
Latin. Nous étions suivis d'un sapin qu'il avait pris
à l'heure pour aller je ne sais ou et qu'il garda jusqu'à minuit sans pouvoir se dépêtrer de notre folle
compagnie. Il y remonta bien vingt fois et en des-
cendit toujours, persuadé par nos raisons. Nous al-
lions sans but et nous voulions lui prouver que
c'était la plus agréable manière de se promener. Il
la goûtait assez, car il nous cédait sans trop de
combat. Le cocher de fiacre, victime de nos taqui-
neries, avait pris son mal en patience, et je me souviens qu'arrivés, je ne sais pourquoi ni comment,
à la montagne Sainte-Geneviève, comme il allait
fort lentement dans la rue déserte, nous nous occu-
pions à traverser la voiture, à la file les uns des

autres, laissant les portières ouvertes et les marche-
pieds baissés, et chantant je ne sais plus quelle
facétie sur un ton lugubre : je ne sais pas non plus
pourquoi cela nous paraissait drôle et pourquoi
Delatouche riait de si bon cœur. Je crois que c'était
la joie de se sentir bête une fois en sa vie. Pyat prétendait avoir un but, qui était de donner une séré-
nade à tous les épiciers du quartier, et il allait de
boutique en boutique chantant à pleine voix : *Un
épicier c'est une rose.*

C'est la seule fois que j'aie vu Delatouche véritablement gai, car son esprit, habituellement satirique, avait un fonds de spleen qui rendait souvent
son enjouement mortellement triste. « Sont-ils heureux ! me disait-il, en me donnant le bras à l'arrière-garde, tandis que les autres couraient devant
en faisant leur tapage; ils n'ont bu que de l'eau
rougie, et ils sont ivres ! Quel bon vin que la jeunesse ! et quel bon rire que celui qui n'a pas besoin
de motif ! Ah ! si l'on pouvait s'amuser comme cela
deux jours de suite ! mais aussitôt que l'on sait
de quoi et de qui l'on s'amuse, on ne s'amuse plus,
on a envie de pleurer. »

Le grand chagrin de Delatouche était de vieillir.
Il n'en pouvait prendre son parti, et c'est lui qui
disait : « On n'a jamais cinquante ans, on a deux
fois vingt-cinq ans. » Malgré cette révolte de son
esprit, il était plus vieux que son âge. Déjà malade,

et aggravant son mal par l'impatience avec laquelle
il le supportait, il était souvent, le matin, d'une
humeur irascible devant laquelle je m'esquivais
sans rien dire. Puis il me rappelait ou venait me
chercher, ne se donnant jamais tort, mais effaçant
par mille gracieusetés et mille gâteries de papa le
chagrin qu'il avait causé.

Quand j'ai cherché plus tard la cause de sa soudaine aversion, on m'a dit qu'il avait été amoureux
de moi, jaloux sans en convenir, et blessé de n'a-
voir jamais été deviné. Cela n'est pas. Je me mé-
fiais de lui au commencement, M. Duris-Dufresne
m'ayant mise en garde par ses propres préventions.
J'aurais donc eu à son égard la pénétration qui m'a
souvent manqué à temps en d'autres circonstances,
faute de coquetterie suffisante. Mais là, j'avais à
bien voir si ma confiance tomberait sur un cœur
désintéressé, et je constatai bientôt que la jalousie
de notre patron, comme nous l'appelions, était tout
intellectuelle et s'exerçait sur tout ce qui l'appro-
chait, sans acception d'âge ni de sexe.

C'était un ami, et surtout un maître jaloux par
nature, comme le vieux Porpora que j'ai dépeint
dans un de mes romans. Quand il avait couvé une
intelligence, développé un talent, il ne voulait plus
souffrir qu'une autre inspiration ou qu'une autre
assistance que la sienne osât en approcher.

Un de mes amis qui connaissait un peu Balzac

m'avait présentée à lui, non comme une muse de
département, mais comme une bonne personne de
province très-émerveillée de son talent. C'était la
vérité. Bien que Balzac n'eût pas encore produit ses
chefs-d'œuvre à cette époque, j'étais vivement frappée de sa manière neuve et originale, et je le con-
sidérais déjà comme un maître à étudier. Balzac
avait été, non pas charmant pour moi à la manière
de Delatouche, mais excellent aussi, avec plus de
rondeur et d'égalité de caractère. Tout le monde
sait comme le contentement de lui-même, contentement si bien fondé qu'on le lui pardonnait, dé-
bordait en lui; comme il aimait à parler de ses
ouvrages, à les raconter d'avance, à les faire en
causant, à les lire en brouillons ou en épreuves.
Naïf et *bon enfant* au possible, il demandait conseil
aux enfants, n'écoutait pas la réponse, ou s'en servait pour la combattre avec l'obstination de sa supériorité. Il n'enseignait jamais, il parlait de lui,
de lui seul. Une seule fois il s'oublia pour nous parler de Rabelais, que je ne connaissais pas encore.
Il fut si merveilleux, si éblouissant, si lucide, que
nous nous disions en le quittant : « Oui, oui, décidément, il aura tout l'avenir qu'il rêve; il comprend
trop bien ce qui n'est pas lui, pour ne pas faire de
lui-même une grande individualité. »

Il demeurait alors rue de Cassini, dans un petit
entre-sol très-gai, à côté de l'Observatoire. C'est

par lui ou chez lui, je crois, que je fis connaissance
avec Emmanuel Arago, un homme qui devait devenir un frère pour moi, et qui était alors un enfant. Je me liai vite avec lui, pouvant me donner
avec lui des airs de grand'mère, car il était encore
si jeune que ses bras avaient grandi dans l'année
plus que ne le comportaient ses manches. Il avait
pourtant commis déjà un volume de vers et une
pièce de théâtre fort spirituelle.

Un beau matin Balzac, ayant bien vendu la
Peau de Chagrin, méprisa son entre-sol et voulut
le quitter; mais, réflexion faite, il se contenta de
transformer ses petites chambres de poète en un
assemblage de boudoirs de marquise, et, un beau
jour, il nous invita à venir prendre des glaces dans
ses murs tendus de soie et bordés de dentelle. Cela
me fit beaucoup rire; je ne pensais pas qu'il prît au
sérieux ce besoin d'un *vain luxe*, et que ce fût pour
lui autre chose qu'une fantaisie passagère. Je me
trompais; ces besoins d'imagination coquette devinrent les tyrans de sa vie, et pour les satisfaire
il sacrifia souvent le bien-être le plus élémentaire.
Dès lors il vivait un peu ainsi, manquant de tout
au milieu de son superflu, et se privant de soupe et
de café plutôt que d'argenterie et de porcelaine de
Chine.

Réduit bientôt à des expédients fabuleux pour ne
pas se séparer de colifichets qui réjouissaient sa

vue, artiste fantaisiste, c'est-à-dire enfant aux rêves
d'or, il vivait par le cerveau dans le palais des fées;
homme opiniâtre cependant, il acceptait, par la
volonté, toutes les inquiétudes et toutes les souffrances, plutôt que de ne pas forcer la réalité à garder quelque chose de son rêve.

Puéril et puissant, toujours envieux d'un *bibelot*,
et jamais jaloux d'une gloire, sincère jusqu'à la
modestie, vantard jusqu'à la hâblerie, confiant en
lui-même et aux autres, très-expansif, très-bon et
très-fou, avec un sanctuaire de raison intérieure,
où il rentrait pour tout dominer dans son œuvre,
cynique dans la chasteté, ivre en buvant de l'eau,
intempérant de travail et sobre d'autres passions,
positif et romanesque avec un égal excès, crédule
et sceptique, plein de contrastes et de mystères, tel
était Balzac encore jeune, déjà inexplicable pour
quiconque se fatiguait de la trop constante étude de
lui-même à laquelle il condamnait ses amis, et qui
ne paraissait pas encore à tous aussi intéressante
qu'elle l'était réellement.

En effet, à cette époque, beaucoup de juges,
compétents d'ailleurs, niaient le génie de Balzac,
ou tout au moins ne le croyaient pas destiné à une
si puissante carrière de développement. Delatouche
était des plus récalcitrants. Il parlait de lui avec
une aversion effrayante. Balzac avait été son disci-
ple, et leur rupture, dont ce dernier n'a jamais su

le motif, était toute fraîche et toute saignante. Delatouche ne donnait aucune bonne raison à son ressentiment, et Balzac me disait souvent : « Gare à vous! vous verrez qu'un beau matin, sans vous en douter, sans savoir pourquoi, vous trouverez en lui un ennemi mortel. »

Delatouche eut évidemment tort à mes yeux en dénigrant Balzac, qui ne parlait de lui qu'avec regret et douceur; mais Balzac eut tort de croire à une inimitié irréconciliable. Il eût pu le ramener avec le temps.

C'était trop tôt alors. J'essayai en vain plusieurs fois de dire à Delatouche ce qui pouvait les rapprocher. La première fois il sauta au plafond. « Vous l'avez donc vu? s'écria-t-il; vous le voyez donc? Il ne manquait plus que ça! » Je crus qu'il allait me jeter par les fenêtres. Il se calma, bouda, revint, et finit par *me passer mon Balzac,* en voyant que cette sympathie n'enlevait rien à celle qu'il réclamait. Mais à chaque nouvelle relation littéraire que je devais établir ou accepter, Delatouche devait entrer dans les mêmes colères, et même les indifférents lui paraissaient des ennemis s'ils ne m'avaient pas été présentés par lui.

Je parlai fort peu de mes projets littéraires à Balzac. Il n'y crut guère, ou ne songea pas à examiner si j'étais capable de quelque chose. Je ne lui demandai pas de conseils, il m'eût dit qu'il les gar-

dait pour lui-même; et cela, autant par ingénuité
de modestie que par ingénuité d'égoïsme; car il
avait sa manière d'être modeste sous l'apparence de
la présomption, je l'ai reconnu depuis, avec une
agréable surprise; et quant à son égoïsme, il avait
aussi ses réactions de dévouement et de générosité.

Son commerce était fort agréable, un peu fati-
gant de paroles pour moi qui ne sais pas assez répondre pour varier les sujets de conversation; mais
son âme était d'une grande sérénité, et en aucun
moment je ne l'ai vu maussade. Il grimpait avec
son gros ventre tous les étages de la maison du
quai Saint-Michel et arrivait soufflant, riant et
racontant sans reprendre haleine. Il prenait des
paperasses sur ma table, y jetait les yeux et avait
l'intention de s'informer un peu de ce que ce pouvait être; mais aussitôt, pensant à l'ouvrage qu'il
était en train de faire, il se mettait à le raconter,
et, en somme, je trouvais cela plus instructif que
tous les empêchements que Delatouche, question-
neur désespérant, apportait à ma fantaisie.

Un soir que nous avions dîné chez Balzac d'une
manière étrange, je crois que cela se composait de
bœuf bouilli, d'un melon et de champagne frappé,
il alla endosser une belle robe de chambre toute
neuve, pour nous la montrer avec une joie de petite fille, et voulut sortir ainsi costumé, un bougeoir
à la main, pour nous reconduire jusqu'à la grille

du Luxembourg. Il était tard, l'endroit désert, et
je lui observais qu'il se ferait assassiner en rentrant
chez lui. « Du tout, me dit-il ; si je rencontre des
voleurs, ils me prendront pour un fou, et ils auront
peur de moi, ou pour un prince, et ils me respec-
teront. » Il faisait une belle nuit calme. Il nous
accompagna ainsi, portant sa bougie allumée dans
un joli flambeau de vermeil ciselé, parlant des
quatre chevaux arabes qu'il n'avait pas encore,
qu'il aurait bientôt, qu'il n'a jamais eus, et qu'il a
cru fermement avoir pendant quelque temps. Il
nous eût reconduits jusqu'à l'autre bout de Paris,
si nous l'avions laissé faire.

Je ne connaissais pas d'autres célébrités et ne
désirais pas en connaitre. Je rencontrais une telle
opposition d'idées, de sentiments et de systèmes
entre Balzac et Delatouche, que je craignais de voir
ma pauvre tête se perdre dans un chaos de contradictions, si je prêtais l'oreille à un troisième maitre.
Je vis, à cette époque, une seule fois, Jules Janin
pour lui demander un service. C'est la seule démarche que j'aie jamais faite auprès de la critique,
et comme ce n'était pas pour moi, je n'y eus aucun
scrupule. Je trouvai en lui un bon garçon sans
affectation et sans étalage d'aucune vanité, ayant
le bon goût de ne pas montrer son esprit sans nécessité, et parlant de ses chiens avec plus d'amour que
de ses écrits. Comme j'aime aussi les chiens, je me

trouvai fort à l'aise ; une conversation littéraire avec
un inconnu m'eût affreusement intimidée.

J'ai dit que Delatouche était désespérant. Il était
ainsi pour lui-même et travaillait à se dégoûter de
tout ce qu'il entreprenait. Il se laissait aller de
temps en temps à raconter ses romans d'avance,
avec plus de discrétion et d'intimité que Balzac,
mais avec plus de complaisance encore s'il se voyait
bien écouté. Par exemple, il ne fallait pas s'aviser
de remuer un meuble, de tisonner ou d'éternuer
dans ces moments-là : il s'interrompait aussitôt
pour vous demander, avec une sollicitude polie, si
vous étiez enrhumé ou si vous aviez des inquiétudes dans les jambes ; et, feignant d'avoir oublié
son roman, il se faisait beaucoup prier pour faire
semblant de chercher à le retrouver. Il avait mille
fois moins de talent pour écrire que Balzac ; mais
comme il en avait mille fois plus pour déduire ses
idées par la parole, ce qu'il racontait admirablement paraissait admirable, tandis que ce que Balzac
racontait d'une manière souvent impossible ne re-
présentait souvent qu'une œuvre impossible. Mais
quand l'ouvrage de Delatouche était imprimé, on
y cherchait en vain le charme et la beauté de ce
qu'on avait entendu, et on avait la surprise contraire en lisant Balzac. Balzac savait qu'il exposait
mal, non pas sans feu et sans esprit, mais sans ordre
et sans clarté. Aussi préférait-il lire quand il avait

son manuscrit sous la main, et Delatouche, qui
faisait cent romans sans les écrire, n'avait presque
jamais rien à lire; ou c'étaient quelques pages qui
ne rendaient pas son projet et qui l'attristaient visiblement. Il n'avait pas de facilité; aussi avait-il la
fecondité en horreur et trouvait-il contre celle de
Balzac (sans songer à celle de Walter Scott qu'il
adorait) les invectives les plus bouffonnes et les
comparaisons les plus médicinales.

J'ai toujours pensé que Delatouche dépensait trop
de véritable talent en paroles. Balzac ne dépensait
que de la folie. Il jetait là son trop-plein et gardait
sa sagesse profonde pour son œuvre. Delatouche
s'épuisait en démonstrations excellentes, et, quoique riche, ne l'était pas assez pour se montrer si
généreux.

Et puis, sa fatale santé paralysait son essor au
moment où il déployait ses ailes. Il a fait de beaux
vers, faciles et pleins, mêlés à des vers tiraillés et
un peu vides; des romans très-remarquables, très-
originaux, et des romans très-faibles et très-lâchés;
des articles très-mordants, très-ingénieux, et d'autres si personnels qu'ils étaient incompréhensibles
et, partant, sans intérêt pour le public. Ce haut et
ce bas d'une intelligence d'élite s'expliquent par le
cruel va-et-vient de la maladie.

Delatouche avait aussi le malheur de s'occuper
trop de ce que faisaient les autres. A cette époque,

il lisait tout. Il recevait, comme journaliste, tout
ce qui paraissait, feignait de n'y pas jeter les yeux
et remettait l'exemplaire au premier venu de ses
rédacteurs en lui disant : « Avalez la médecine;
vous êtes jeune, elle ne vous tuera pas. Dites de
l'ouvrage ce que vous voudrez, je ne veux pas savoir
ce que c'est. » — Mais quand on lui apportait le
compte rendu, il critiquait la critique avec une
netteté qui prouvait qu'il avait, le premier, avalé
la médecine et même savouré l'âcre saveur qui le
tentait.

J'eusse été bien sotte de ne pas écouter tout ce
que me disait Delatouche; mais cette perpétuelle
analyse de toutes choses, cette dissection des autres
et de lui-même, toute cette critique brillante et souvent juste, qui aboutissait à la négation de lui-
même et des autres, attristait singulièrement mon
esprit, et tant de lisières commençaient à me donner
des crampes. J'apprenais tout ce qu'il ne faut pas
faire, rien de ce qu'il faut faire, et je perdais toute
confiance en moi.

Je reconnaissais, je reconnais encore que Delatouche me rendait grand service en m'amenant à
hésiter. A cette époque, on faisait les choses les
plus étranges en littérature. Les excentricités du
génie de Victor Hugo, jeune, avaient enivré la jeunesse, ennuyée des vieilles rengaines de la restau-
ration. On ne trouvait plus Chateaubriand assez

romantique ; c'était tout au plus si le maître nouveau l'était assez pour les appétits féroces qu'il avait
excités. Les marmots de sa propre école, ceux qu'il
n'eût jamais acceptés pour disciples, et qui le sentaient bien, voulaient l'*enfoncer* en le dépassant.
On cherchait des titres impossibles, des sujets dé-
goûtants, et, dans cette course au clocher d'affiches
ébouriffantes, des gens de talent eux-mêmes subis-
saient la mode, et, couverts d'oripeaux bizarres, se
précipitaient dans la mêlée.

J'étais bien tentée de faire comme les autres éco-
liers, puisque les maîtres donnaient le mauvais
exemple, et je cherchais des bizarreries que je
n'eusse jamais pu exécuter. Parmi les critiques du
moment qui résistaient à ce cataclysme, Delatouche
avait du discernement et du goût, en ce qu'il faisait la part du beau et du bon dans les deux écoles.
Il me retenait sur cette pente glissante par des moqueries comiques et des avis sérieux. Mais il me
jetait tout aussitôt dans des difficultés inextricables.
« Fuyez le pastiche, disait-il. Servez-vous de votre
» propre fonds ; lisez dans votre vie, dans votre
» cœur ; rendez vos impressions. » Et quand nous
avions causé n'importe de quoi, il me disait : « Vous
» êtes trop absolue dans votre sentiment, votre
» caractère est trop à part ; vous ne connaissez ni
» le monde ni les individus. Vous n'avez pas vécu
» et pensé comme tout le monde. Vous êtes un

» cerveau creux. » Je me disais qu'il avait raison,
et je retournais à Nohant, décidée à faire des boîtes
à thé et des tabatières de Spa.

Enfin je commençai *Indiana*, sans projet et sans
espoir, sans aucun plan, mettant résolûment à la
porte de mon souvenir tout ce qui m'avait été posé
en précepte ou en exemple, et ne fouillant ni dans
la manière des autres ni dans ma propre individualité pour le sujet et les types. On n'a pas manqué
de dire qu'*Indiana* était ma personne et mon histoire. Il n'en est rien. J'ai présenté beaucoup de
types de femmes, et je crois que quand on aura lu
cet exposé des impressions et des réflexions de ma
vie, on verra bien que je ne me suis jamais mise en
scène sous des traits féminins. Je suis trop romanesque pour avoir vu une héroïne de roman dans
mon miroir. Je ne me suis jamais trouvée ni assez
belle, ni assez aimable, ni assez logique dans l'ensemble de mon caractère et de mes actions pour
prêter à la poésie ou à l'intérêt, et j'aurais eu beau
chercher à embellir ma personne et à dramatiser ma
vie, je n'en serais pas venue à bout. Mon *moi*, me
revenant face à face, m'eût toujours refroidie.

Je suis loin de dire qu'un artiste n'ait pas le droit
de se peindre et de se raconter, et plus il se couron-
nera des fleurs de la poésie pour se montrer au
public, mieux il fera, s'il a assez d'habileté pour
qu'on ne le reconnaisse pas trop sous cette parure,

ou s'il est assez beau pour qu'elle ne le rende pas ridicule. Mais, en ce qui me concerne, j'étais d'une étoffe trop bigarrée pour me prêter à une idéalisation quelconque. Si j'avais voulu montrer le fond sérieux, j'aurais raconté une vie qui jusqu'alors avait plus ressemblé à celle du moine *Alexis* (dans le roman peu récréatif de *Spiridion*) qu'à celle d'Indiana la créole passionnée. Ou bien, si j'avais pris l'autre face de ma vie, mes besoins d'enfantillage, de gaieté, de bêtise absolue, j'aurais fait un type si invraisemblable, que je n'aurais rien trouvé à lui faire dire et à lui faire faire qui eût le sens commun.

Je n'avais pas la moindre théorie quand je commençai à écrire, et je ne crois pas en avoir jamais eu quand une envie de roman m'a mis la plume à la main. Cela n'empêche pas que mes instincts ne m'aient fait, à mon insu, la théorie que je vais établir, que j'ai généralement suivie sans m'en rendre compte, et qui, à l'heure où j'écris, est encore en discussion.

Selon cette théorie, le roman serait une œuvre de poésie autant que d'analyse. Il y faudrait des situations vraies et des caractères vrais, réels même, se groupant autour d'un type destiné à résumer le sentiment ou l'idée principale du livre. Ce type représente généralement la passion de l'amour, puisque presque tous les romans sont des histoires d'amour. Selon la théorie annoncée (et c'est là

qu'elle commence), il faut idéaliser cet amour, ce
type, par conséquent, et ne pas craindre de lui
donner toutes les puissances dont on a l'aspiration
en soi-même, ou toutes les douleurs dont on a vu
ou senti la blessure. Mais, en aucun cas, il ne faut
l'avilir dans le hasard des événements; il faut qu'il
meure ou triomphe, et on ne doit pas craindre de
lui donner une importance exceptionnelle dans la
vie, des forces au-dessus du vulgaire, des charmes
ou des souffrances qui dépassent tout à fait l'habitude des choses humaines, et même un peu le vrai-
semblable admis par la plupart des intelligences.

En résumé, idéalisation du sentiment qui fait le
sujet, en laissant à l'art du conteur le soin de placer
ce sujet dans des conditions et dans un cadre de
réalité assez sensible pour le faire ressortir, si, tou-
tefois, c'est bien un roman qu'il veut faire.

Cette théorie est-elle vraie? Je crois que oui; mais
elle n'est pas, elle ne doit pas être absolue. Balzac,
avec le temps, m'a fait comprendre, par la variété
et la force de ses conceptions, que l'on pouvait
sacrifier l'idéalisation du sujet à la vérité de la peinture, à la critique de la société et de l'humanité
même.

Balzac résumait complétement ceci quand il me
disait dans la suite : « Vous cherchez l'homme tel
qu'il devrait être; moi, je le prends tel qu'il est.
Croyez-moi, nous avons raison tous deux. Ces deux

chemins conduisent au même but. J'aime aussi les
êtres exceptionnels; j'en suis *un*. Il m'en faut d'ailleurs pour faire ressortir mes êtres vulgaires, et je
ne les sacrifie jamais sans nécessité. Mais ces êtres
vulgaires m'intéressent plus qu'ils ne vous intéressent. Je les grandis, je les idéalise, en sens inverse,
dans leur laideur ou leur bêtise. Je donne à leurs
difformités des proportions effrayantes ou grotesques. Vous, vous ne sauriez pas; vous faites bien
de ne pas vouloir regarder des êtres et des choses
qui vous donneraient le cauchemar. Idéalisez dans
le joli et dans le beau, c'est un ouvrage de femme. »

Balzac me parlait ainsi sans dédain caché et sans
causticité déguisée. Il était sincère dans le sentiment fraternel, et il a trop idéalisé la femme pour
qu'on puisse le soupçonner d'avoir eu jamais la
théorie de M. de Kératry.

Balzac, esprit vaste, non pas infini et sans défauts, mais le plus étendu et le plus pourvu de qualités diverses qui dans le roman se soit produit de
notre temps, Balzac, maître sans égal en l'art de
peindre la société moderne et l'humanité actuelle,
avait mille fois raison de ne pas admettre un système absolu. Il ne m'a rien révélé de cela alors
que je cherchais, et je ne lui en veux pas, il ne le
savait pas lui-même; il cherchait et tâtonnait aussi
pour son compte. Il a essayé de tout. Il a vu et
prouvé que toute manière était bonne et tout sujet

fécond pour un esprit souple comme le sien. Il a développé davantage ce en quoi il s'est senti le plus puissant, et il s'est moqué de cette erreur de la critique qui veut imposer un cadre, des sujets et des procédés aux artistes, erreur dans laquelle le public donne encore, sans s'apercevoir que cette théorie arbitraire, étant toujours l'expression d'une individualité, se dérobe la première à son propre principe et fait acte d'indépendance en contredisant le point de vue d'une théorie voisine ou opposée. On est frappé de ces contradictions quand on lit une demi-douzaine d'articles de critique sur un même ouvrage d'art ; on voit alors que chaque critique a son criterium, sa passion, son goût particulier, et que si deux ou trois d'entre eux se trouvent d'accord pour préconiser une loi quelconque dans les arts, l'application qu'ils font de cette loi prouve des appréciations très-diverses et des préventions que ne gouverne aucune règle fixe.

Il est heureux, du reste, qu'il en soit ainsi. S'il n'y avait qu'une école et qu'une doctrine dans l'art, l'art périrait vite, faute de hardiesse et de tentatives nouvelles. L'homme va toujours cherchant avec douleur le vrai absolu, dont il a le sentiment, et qu'il ne trouvera jamais en lui-même à l'état d'individu. La vérité est le but d'une recherche pour laquelle toutes les forces collectives de notre espèce ne sont pas de trop ; et cependant, erreur étrange et fatale, dès qu'un homme de quelque capacité aborde cette recherche, il voudrait l'interdire aux autres et donner pour unique découverte celle qu'il croit tenir. La recherche de la loi de liberté elle-même sert d'aliment au despotisme et à l'intolérance de l'orgueil humain. Triste folie ! Si les sociétés n'ont pu encore s'y soustraire, que les arts au moins s'en affranchissent et trouvent la vie dans l'indépendance absolue de l'inspiration.

L'inspiration, voilà quelque chose de bien malaisé à définir et de bien important à consacrer comme un fait surhumain, comme une intervention presque divine. L'inspiration est pour les artistes ce que la grâce est pour les chrétiens, et on n'a pas encore imaginé de défendre aux croyants de recevoir la grâce quand elle descend dans leurs âmes. Il y a pourtant une prétendue critique qui défendrait volontiers aux artistes de recevoir l'inspiration et de lui obéir.

Et je ne parle pas ici des critiques de profession, je ne resserre pas mon plaidoyer dans les limites d'une ou plusieurs coteries. Je combats un préjugé public, universel. On veut que l'art suive un chemin battu, et quand une manière a plu, un siècle tout entier s'écrie : « Donnez-nous du même, il n'y a que cela de bon ! » Malheur alors aux novateurs ! Il leur faut succomber ou soutenir une lutte effroyable, jusqu'à ce que leur protestation, cri de révolte au début, devienne à son tour une tyrannie qui écrasera ou combattra d'autres innovations également légitimes et désirables.

J'ai toujours trouvé le mot *inspiration* très-ambitieux et ne pouvant s'appliquer qu'aux génies de premier ordre. Je n'oserais jamais m'en servir pour mon propre compte, sans protester un peu contre l'emphase d'un terme qui ne trouve sa sanction que dans un incontestable succès. Pourtant il faudrait un mot qui ne fît pas rougir les gens modestes et bien élevés, et qui exprimât cette sorte de *grâce* qui descend plus ou moins vive, plus ou moins féconde sur toutes les têtes éprises de leur art. Il n'est si humble travailleur qui n'ait son heure d'inspiration, et peut-être la liqueur céleste est-elle aussi précieuse dans le vase d'argile que dans le vase d'or : seulement, l'un la conserve pure, l'autre l'altère ou se brise. La grâce des chrétiens n'agit pas seule et fatalement. Il faut que l'âme la recueille, comme la bonne terre le grain sacré. L'inspiration n'est pas d'une autre nature. Prenons donc le mot tel qu'il est, et qu'il n'implique rien de présomptueux sous ma plume.

Je sentis en commençant à écrire *Indiana* une émotion très-vive et très-particulière, ne ressemblant à rien de ce que j'avais éprouvé dans mes précédents essais. Mais cette émotion fut plus pénible qu'agréable. J'écrivis tout d'un jet, sans plan, je l'ai dit, et littéralement sans savoir où j'allais, sans m'être même rendu compte du problème social que j'abordais. Je n'étais pas saint-simonienne, je ne l'ai jamais été, bien que j'aie eu de vraies sympathies pour quelques idées et quelques personnes de cette secte ; mais je ne les connaissais pas à cette époque, et je ne fus point influencée par elles.

J'avais en moi seulement, comme un sentiment bien net et bien ardent, l'horreur de l'esclavage brutal et bête. Je ne l'avais pas subi, je ne le subissais pas, on le voit par la liberté dont je jouissais et qui ne m'était pas disputée. Donc *Indiana* n'était pas mon histoire dévoilée, comme on l'a dit. Ce n'était pas une plainte formulée contre un maître particulier. C'était une protestation contre la tyrannie en général, et si je personnifiais cette tyrannie dans un homme, si j'enfermais la lutte dans le cadre d'une existence domestique, c'est que je n'avais pas l'ambition de faire autre chose qu'un roman de mœurs. Voilà pourquoi, dans une préface écrite après le livre, je me défendis de vouloir porter atteinte aux institutions. J'étais fort sincère et ne prétendais pas en savoir plus long que je n'en disais. La critique m'en apprit davantage et me fit mieux examiner la question.

J'écrivis donc ce livre sous l'empire d'une émotion et non d'un système. Cette émotion, lentement amassée dans le cours d'une vie de réflexions, dé-

borda très-impétueuse dès que le cadre d'une situation quelconque s'ouvrit pour la contenir ; mais elle
s'y trouva fort à l'étroit, et cette sorte de combat
contre l'émotion et l'exécution me soutint pendant
six semaines dans un état de volonté tout nouveau
pour moi.

Mais mon pauvre *Corambé* s'envola pour toujours,
dès que j'eus commencé à me sentir dans cette veine
de persévérance sur un sujet donné. Il était d'une
essence trop subtile pour se plier aux exigences de
la forme. A peine eus-je fini mon livre, que je
voulus retrouver le vague ordinaire de mes rêveries.
Impossible ! Les personnages de mon manuscrit,
enfermés dans un tiroir, voulurent bien y rester
tranquilles ; mais j'espérai en vain voir reparaître
Corambé, et avec lui ces milliers d'êtres qui me
berçaient tous les jours de leurs agréables divaga-
tions, ces figures à moitié nettes, ces voix à moitié
distinctes qui flottaient autour de moi comme un
tableau animé derrière un voile transparent. Ces
chères visions n'étaient que les précurseurs de l'inspiration. Elles se cachèrent cruellement au fond de
l'encrier, pour n'en plus sortir que quand je m'en-
hardirais à les y chercher.

J'aurais beaucoup à raconter sur ce phénomène
de demi-hallucination qui s'était produit en moi
pendant toute ma vie et qui se dissipa entièrement
et tout d'un coup. Mais je craindrais de reprendre

un chapitre peut-être déjà trop long et trop détaillé
dans cet ouvrage; je me bornerai à rappeler que
j'avais commencé, dans un âge si enfantin que je
ne pourrais le préciser, un roman composé de milliers de romans qui s'enchaînaient les uns aux
autres par l'intervention d'un principal personnage
fantastique appelé *Corambé* (nom sans signification
aucune, dont les syllabes s'étaient rassemblées dans
le hasard de quelque rêve), et que ce personnage
avait été, pendant quelques années de mon enfance,
une sorte de dieu de mon invention, auquel j'avais
été par moments tout près de croire et de rendre
un culte.

Le catholicisme ardent qui s'était emparé de moi
au couvent me l'avait fait oublier, mais non repousser avec effroi comme une croyance idolâtrique;
car cette création de ma rêverie n'avait fait que me
préparer, par une poésie angélique, à m'enthousias-
mer pour le divin type de Jésus. J'ai gardé mon enthousiasme pour ce dernier type, et quant à *Corambé*, je n'hésite pas à croire qu'il a été pour moi,
dans l'enfance, une interprétation plus humaine et
plus admissible que celle que l'Église de nos jours
prétend nous donner du divin Maître. Corambé, s'il
se fût mêlé de politique, n'eût pas laissé dévorer la
Pologne pantelante par la Russie sanguinaire; il
n'eût pas, s'il se fût mêlé de socialisme, abandonné
la cause du faible à celle du fort, la vie morale et

physique du pauvre au caprice du riche. Il eût été
plus chrétien que la papauté.

Quand je fus dans l'âge où l'on rit de sa propre
naïveté, je remis Corambé à sa véritable place: c'est-
à-dire que je le réintégrai, dans mon imagination,
parmi les songes; mais il en occupa toujours le
centre, et toutes les fictions qui continuèrent à se
former autour de lui émanèrent toujours de cette
fiction principale.

Le plan brisé que je suivais en composant pour
moi-même, sous le coup de ces hallucinations, une
foule de romans qui rentraient dans le néant sans
être achevés, avait donc sa logique particulière, en
ce qu'un personnage mystérieux non pas omnipo-
tent, mais doué de facultés surnaturelles, interve-
nait dans tous et les interrompait ou les reprenait à
sa guise. C'était bien commode, comme l'on voit.
C'était une idée que je trouvais sublime pour mon
usage particulier, mais que je savais bien inadmis-
sible pour tout autre que pour moi, pour le public
par conséquent. Il fallait désormais, en racontant
n'importe quoi des choses humaines, en laisser la
conduite et la solution au hasard ou à la fatalité des
notions humaines. J'en passai par là, mais si tristement, que pendant plusieurs années j'eus une
profonde amertume contre la publicité, amertume
que j'osai dire naïvement à quelques personnes au
milieu de mon succès, mais que je dus renfermer

2.

bientôt, en voyant qu'on prenait cette ingénuité douloureuse pour une affectation.

Et aujourd'hui que je raconte ceci le plus sèchement que je peux, qui me croira et qui me comprendra, si je dis que les vrais poèmes sont dans le sanctuaire de l'âme et qu'ils n'en sortent jamais? Quelques âmes de la même nature que la mienne certainement; mais voilà tout, et pour ne causer aux autres nul ennui, je ne parle ici de Corambé et de la consistance de mes rêveries en images sensibles pour moi que comme d'un phénomène psychique, dont je ne me défendais pas, parce qu'il avait un charme indicible, une pureté céleste, et qu'il ne m'avait jamais fait craindre pour ma raison.

En effet, il ne m'était jamais arrivé, si ce n'est dans l'enfance, de vouloir me persuader que ces apparitions eussent une existence en dehors de mon cerveau. Je comprenais parfaitement que j'étais sous l'empire d'une sorte de vision, évoquée par moi-même non pas au gré de ma volonté immédiate, mais comme un reflet capricieux de mes préoccupations intérieures. Je ne me crus donc pas guérie d'une maladie intellectuelle, mais, au contraire, privée d'une faculté. J'ignore si cette prétendue faculté ne fût pas devenue pernicieuse. Il ne fallait peut-être qu'un petit dérangement d'équilibre physique pour que ces riantes visions de paysages et de jardins paradisiaques, habités par des êtres ima-

ginaires, devinssent sombres et terrifiantes, et,
dans ce cas, il se peut que j'eusse fini par les croire
réelles. Il ne me semble pas, mais qui sait ? La fatigue d'une telle angoisse peut, à la longue, user la
résistance du raisonnement.

Voilà ce que je me disais pour me consoler,
lorsque l'effort que je dus faire pour évoquer volon-
tairement des êtres persistants dans la logique d'un
livre eut paralysé en moi la faculté de voir arriver
d'eux-mêmes des êtres inattendus. Il ne me fut plus
permis de quitter ceux que j'avais appelés, pour
passer à un autre groupe, ni le lieu où je les avais
attirés, pour un autre site de mon infini fantastique. Pourtant je ne pus me défendre de faire un
peu voyager *Indiana* et *Ralph* d'un bout du monde
à l'autre, et de commettre peut-être quelques erreurs
de géographie sur leur oasis finale. Je n'y tenais
guère : j'étais si mal à l'aise dans la réalité que j'a-
bordais !

Pourtant cette nécessité de paraître un peu raisonnable, nécessité que je constatais sans la bien
comprendre, me donna plus tard, quand je l'eus
tout à fait acceptée, des plaisirs d'un autre genre.
Mes personnages prirent une autre manière de se
manifester. Je ne les vis plus flotter dans un coin
de ma chambre ni passer dans mon jardin à travers
les arbres : mais, en fermant les yeux, je les vis
plus nettement dessinés, et leurs paroles, n'arrivant

plus à mon oreille par de mystérieux murmures, se
gravèrent plus distinctes dans mon esprit. Quand
ils vinrent dans mon sommeil, ils ne firent plus que
m'ennuyer ; mais quand j'étais dans mon armoire (le
petit bureau de mon cabinet), ils me parlaient et
agissaient sur mon papier blanc, bien ou mal, mais
d'une façon brusque et impérieuse qui avait aussi
son charme : charme moins doux, moins durable,
puisque tout s'effaçait dès que je quittais la plume,
mais plus énergique et plus appréciable à mon jugement.

Un autre phénomène se produisit encore et que
je ne peux en rien expliquer : c'est que j'eus à peine
terminé mon premier manuscrit, qu'il s'effaça de
ma mémoire, non pas peut-être d'une manière aussi
absolue que les nombreux romans que je n'avais
jamais écrits, mais au point de ne plus m'apparaître que vaguement. J'aurais cru que l'habitude
de préciser les êtres, les passions et les situations
fixerait peu à peu mes souvenirs. Il n'en fut rien,
et cet oubli où mon cerveau enterre immédiatement
les produits de son travail n'a fait que croître et
embellir. Si je n'avais pas mes ouvrages sur un
rayon, j'oublierais jusqu'à leur titre. On peut me
lire un demi-volume de certains romans que je n'ai
pas eu à revoir en épreuves depuis quelques semaines, sans que, sauf deux ou trois noms principaux,
je devine qu'ils sont de moi. Je me rappelle davan-

tage les circonstances, même insignifiantes, au
milieu desquelles j'ai écrit, que les choses mêmes
que j'ai écrites, et d'après le souvenir des situations
où je me suis trouvée alors, je peux dire que le
livre est plus ou moins réussi, plus ou moins manqué. Mais si l'on me posait à l'imprévu en critique
devant mes propres ouvrages et qu'on m'en de-
mandât mon opinion, je pourrais répondre de bien
bonne foi que je ne les connais pas, et qu'il me faut
les relire avec attention pour en penser quelque
chose.

On ne s'attendra donc pas, j'espère, à ce que je
parle beaucoup de mes livres par eux-mêmes. Il
me faudrait trop de lecture et d'attention pour
asseoir mon jugement. J'ai mis depuis environ
quinze ans, depuis l'époque où j'ai vu qu'on les
lisait et qu'on les discutait, la plus grande conscience à les livrer aussi finis qu'il m'était possible.
Mais, excepté un ou deux, je n'ai jamais pu rien y
refaire. L'*entrain* épuisé, il ne me reste plus la
moindre certitude sur la valeur de la forme qu'il a
prise, et je changerais tout, s'il me fallait changer
quelque chose. Quand je reprends un sujet pour le
mettre au théâtre, je ne peux pas conserver un
mot du dialogue, et je transforme ou je modifie les
types, autant par impossibilité de les ressaisir qu'en
vue des exigences de la scène.

Je ne sais trop si tout cela vaut la peine d'être

dit. Je n'ai pas le goût de parler de moi, en ce qui peut être tout à fait individuel et sans relation de solidarité morale avec un certain nombre d'autres individualités. Le nombre des artistes est assez considérable pour qu'il soit bon pour eux de voir une nature d'artiste tâcher de se rendre compte d'elle-même ; mais je crains quelquefois d'avoir à dire des choses exceptionnelles, même comme individu d'une certaine race. J'étais moins embarrassée de raconter les rêves de mon enfance, parce que tous les enfants sont artistes et que les gens les plus positifs se souviennent d'avoir été poëtes plus ou moins longtemps avant la pratique de la vie positive. J'ai été enfant si longtemps, je me suis développée si tard comme raisonnement personnel, ou plutôt j'ai cherché si longtemps ma raison propre, enfin j'ai conservé, en dépit du temps et de l'expérience, un tel besoin d'apprécier secrètement toutes choses à travers un idéal trop naïf probablement, que je me sens embarrassée et comme intimidée d'analyser les fibres de l'intelligence quelconque dont j'ai eu à faire usage.

Les gens du monde, j'entends par là ceux qui ne sont pas artistes par état, sont assez curieux, en général, de savoir sous quelles influences extérieures et dans quelles conditions locales les artistes produisent leurs ouvrages. Cette curiosité est un peu puérile, et, pour ma part, je ne l'ai jamais pu

satisfaire complétement chez les autres, quelque
bonne volonté que j'aie mise à me délivrer de leurs
questions, sans impolitesse et sans tricherie. J'avoue
que les questions étaient quelquefois si compliquées
ou si singulièrement posées, que j'en étais aba-
sourdie et que mon premier mouvement était de
répondre de bonne foi : « Je ne sais pas. » Par
exemple, une Anglaise qui se donnait pour très-
amateur de mes romans me dit une fois, en me regardant avec de grands yeux de chouette : « A quoi
vous pensez quand vous faites une roman ? —
Dame ! lui répondis-je, je tâche de penser à mon
roman. — Oh ! vous ne pouvez donc pas toujours
penser en écrivant ? Il doit être bien pénible ! »

C'est, du reste, une chose si variée dans son mécanisme que ce qu'on appelle l'inspiration dans les
arts, que plus on s'enquiert des particularités extérieures, moins on est à même de trouver une synthèse pour les opérations du cerveau. Beaucoup
d'artistes célèbres ont eu des manies bizarres aux
heures du travail. Balzac s'en attribuait plus qu'il
n'en avait réellement, et on lui en a prêté plus encore. Je l'ai surpris plus d'une fois, en plein jour,
travaillant comme tout le monde, sans excitants,
sans costume, sans aucun signe d'enfantement douloureux, riant dès l'abord, l'œil limpide et le teint
fleuri.

Il est, dit-on, des artistes qui ont immodérément

besoin de café, de liqueurs ou d'opium. Je ne crois
pas beaucoup à cela, et s'ils se sont amusés parfois
à produire sous le coup d'une autre ivresse que celle
de leur propre pensée, je doute qu'ils aient conservé
et montré de telles élucubrations. Le travail de
l'imagination est bien assez excitant par lui-même,
et je confesse que je n'ai jamais pu l'arroser que de
lait ou de limonade, ce qui ne passe pas pour byro-
nien. Il est vrai que je ne crois pas à Byron ivre
faisant de beaux vers. L'inspiration peut traverser
l'âme aussi bien au milieu d'une orgie que dans le
silence des bois ; mais quand il s'agit de donner
une forme à la pensée, que l'on soit dans la solitude
du cabinet ou sur les planches d'un théâtre, il faut
avoir l'entière possession de soi-même.

FIN DE LA QUATRIÈME PARTIE.

CINQUIÈME PARTIE

CHAPITRE PREMIER

Delatouche passe brusquement de la raillerie à l'enthousiasme. — *Valentine* paraît. — Impossibilité de la collaboration projetée. — La *Revue des Deux-Mondes*. —
Buloz. — Gustave Planche. — Delatouche me boude et
rompt avec moi. — Résumé de nos rapports par la suite.
— Maurice entre au collége. — Son chagrin et le mien. —
Tristesse et dureté du régime des lycées. — Une exécution
à Henri IV. — La tendresse ne raisonne pas. — Maurice
fait sa première communion.

Je demeurais encore quai Saint-Michel avec ma
fille quand *Indiana* parut [1]. Dans l'intervalle de la
commande à la publication, j'avais écrit *Valentine*
et commencé *Lélia*. *Valentine* parut donc deux ou
trois mois après *Indiana*, et ce livre fut écrit également à Nohant, où j'allais toujours régulièrement
passer trois mois sur six.

[1] Je crois que ce fut en mai 1832.

Delatouche grimpa à ma mansarde et trouva le
premier exemplaire d'*Indiana*, que l'éditeur Ernest
Dupuy venait de m'envoyer, et sur la couverture
duquel j'étais en train précisément d'écrire le nom
de Delatouche. Il le prit, le flaira, le retourna,
curieux, inquiet, railleur surtout ce jour-là. J'étais
sur le balcon ; je voulus l'y attirer, parler d'autre
chose, il n'y eut pas moyen, il voulait lire, il lisait,
et à chaque page il s'écriait : « Allons ! c'est un
pastiche ; école de Balzac ! Pastiche, que me veux-
tu ? Balzac, que me veux-tu ? »

Il vint sur le balcon, le volume à la main, et me
critiquant mot par mot, me démontrant par *a* plus
b que j'avais copié la manière de Balzac, et qu'à
cela je n'avais gagné que de n'être ni Balzac ni moi-
même.

Je n'avais ni cherché ni évité cette imitation de
manière, et il ne me semblait pas que le reproche
fût fondé. J'attendis, pour me condamner moi-
même, que mon juge, qui emportait son exemplaire,
l'eût feuilleté en entier. Le lendemain matin, à
mon réveil, je reçus ce billet : « George, je viens
» faire amende honorable ; je suis à vos genoux.
» Oubliez mes duretés d'hier au soir, oubliez toutes
» les duretés que je vous ai dites depuis six mois.
» J'ai passé la nuit à vous lire. O mon enfant, que
» je suis content de vous ! »

Je croyais que tout mon succès se bornerait à ce

billet paternel, et ne m'attendais nullement au prompt
retour de l'éditeur, qui me demandait *Valentine*.
Les journaux parlèrent tous de M. *G. Sand* avec
éloge, insinuant que la main d'une femme avait dû
se glisser çà et là pour révéler à l'auteur certaines
délicatesses du cœur et de l'esprit, mais déclarant
que le style et les appréciations avaient trop de viri-
lité pour n'être pas d'un homme. Ils étaient tous un
peu Kératry.

Cela ne me causa nul ennui, mais fit souffrir
Jules Sandeau dans sa modestie. J'ai dit d'avance
que ce succès le détermina à reprendre son nom
intégralement et à renoncer à des projets de collaboration que nous avions déjà jugés nous-mêmes
inexécutables. La collaboration est tout un art qui
ne demande pas seulement, comme on le croit, une
confiance mutuelle et de bonnes relations, mais une
habileté particulière et une habitude de procédés
ad hoc. Or, nous étions trop inexpérimentés l'un et
l'autre pour nous partager le travail. Quand nous
avions essayé, il était arrivé que chacun de nous
refaisait en entier le travail de l'autre, et que ce
remaniement successif faisait de notre ouvrage la
broderie de Pénélope.

Les quatre volumes d'*Indiana* et *Valentine* ven-
dus, je me voyais à la tête de trois mille francs qui
me permettaient d'acquitter mon petit arriéré, d'a-
voir une servante et de me permettre un peu plus

d'aisance. La *Revue des Deux Mondes* venait d'être achetée par M. Buloz, qui me demanda des *nouvelles*. Je fis pour ce recueil la *Marquise*, *Lavinia*, je ne sais quoi encore.

La *Revue des Deux Mondes* était rédigée par l'élite des écrivains d'alors. Excepté deux ou trois peut-être, tout ce qui a conservé un nom comme publiciste, poëte, romancier, historien, philosophe, critique, voyageur, etc., a passé par les mains de Buloz, homme intelligent qui ne sait pas s'exprimer, mais qui a une grande finesse sous sa rude écorce. Il est très-facile, trop facile même de se moquer de ce Genevois têtu et brutal. Lui-même se laisse taquiner avec bonhomie quand il n'est pas de trop mauvaise humeur; mais ce qui n'est pas facile, c'est de ne pas se laisser persuader et gouverner par lui. Il a tenu dix ans les cordons de ma bourse, et, dans notre vie d'artiste, ces cordons, qui ne se desserrent pour nous donner quelques heures de liberté qu'en échange d'autant d'heures d'esclavage, sont les fils de notre existence même. Dans cette longue association d'intérêts, j'ai bien envoyé dix mille fois mon Buloz au diable, mais je l'ai tant fait enrager que nous sommes quittes. D'ailleurs, en dépit de ses exigences, de ses duretés et de ses sournoiseries, le despote Buloz a des moments de sincérité et de véritable sensibilité, comme tous les bourrus. Il avait de certaines menues ressemblances avec mon

pauvre Deschartres, voilà pourquoi j'ai supporté si
longtemps ses maussaderies entremêlées de mouvements d'amitié candide. Nous nous sommes brouillés, nous avons plaidé. J'ai reconquis ma liberté
sans dommage réciproque, résultat auquel nous serions arrivés sans procès, s'il eût pu dépouiller son
entêtement. Je l'ai revu peu de temps après, pleurant son fils aîné, qui venait de mourir dans ses
bras. Sa femme, qui est une personne distinguée,
mademoiselle Blaze, m'avait appelée auprès d'elle
dans ce moment de douleur suprême. Je leur ai
tendu les mains sans me souvenir de la guerre ré-
cente, et je ne m'en suis jamais souvenue depuis.
Dans toute amitié, quelque troublée et incomplète
qu'elle ait pu être, il y a des liens plus forts et plus
durables que nos luttes d'intérêt matériel et nos
colères d'un jour. Nous croyons détester des gens
que nous aimons toujours quand même. Des montagnes de disputes nous séparent d'eux; un mot
suffit parfois pour nous faire franchir ces montagnes. Ce mot de Buloz : « Ah ! George, que je suis
malheureux ! » me fit oublier toutes les questions
de chiffres et de procédure. Et lui aussi, en d'autres
temps, il m'avait vue pleurer, et il ne m'avait pas
raillée. Sollicitée depuis, mainte fois, d'entrer dans
des croisades contre Buloz, j'ai refusé carrément,
sans m'en vanter à lui, quoique la critique de la
Revue des Deux Mondes continuât à prononcer que

j'avais eu beaucoup de talent tant que j'avais travaillé à la *Revue des Deux Mondes*, mais que depuis
ma rupture, hélas!... Naïf Buloz! ça m'est égal!

Ce qui ne me fut pas indifférent, ce fut la subite
colère de Delatouche contre moi. La crise annoncée
par Balzac éclata un beau matin sans aucun motif
apparent. Il haïssait particulièrement Gustave Planche, qui m'avait rendu visite en m'apportant un
grand article à ma louange, fraîchement inséré dans
la *Revue des Deux Mondes*. Comme je ne travaillais
pas encore à cette revue, l'hommage était désintéressé, et je ne pouvais que l'accueillir avec gratitude.
Est-ce là ce qui blessa Delatouche? Il n'en fit rien
paraître. Il demeurait alors tout à fait à Aulnay et
ne venait pas souvent à Paris. Je ne m'aperçus
donc pas tout de suite de sa bouderie et je m'ap-
prêtais à aller le trouver, quand M. de la Rochefou-
cauld, qu'il m'avait présenté et qui était son voisin
de campagne, m'apprit qu'il ne parlait plus de moi
qu'avec exécration, qu'il m'accusait d'être enivrée
par la *gloire*, de sacrifier mes vrais amis, de les dé-
daigner, de ne vivre qu'avec des gens de lettres,
d'avoir méprisé ses conseils, etc. Comme il n'y avait
rien de vrai dans ces reproches, je crus que c'était
une de ses boutades accoutumées, et pour le ramener plus délicatement que par une lettre, je lui dédiai
Lélia, qui allait paraître. Il le *prit pour mal*, comme
nous disons en Berry, et déclara que c'était une

vengeance contre lui. Une vengeance de quoi? Je
pensai qu'il ne me pardonnait pas de voir Gustave
Planche, et je priai celui-ci de faire une démarche
auprès de lui pour s'excuser d'un article fort cruel
dont il était l'auteur, et où Delatouche avait été
fort mal arrangé. Je crois que c'était une réponse
à de violentes attaques contre le cénacle des romantiques, dont Planche avait été le champion par
moments. Quoi qu'il en soit, Gustave Planche,
touché du bien que je lui disais de Delatouche, lui
écrivit une lettre fort bonne et même respectueuse,
comme il convenait à un jeune homme vis-à-vis
d'un homme âgé, à laquelle Delatouche, de plus en
plus irrité, ne daigna pas répondre. Il continua à
déclamer et à exciter contre moi les personnes avec
qui j'étais liée. Il vint à bout de m'enlever deux
amis sur les cinq ou six dont s'était composée notre
intimité. L'un d'eux vint plus tard m'en demander
pardon. L'autre, j'ai eu à le défendre par la suite
contre Delatouche lui-même, qui le foulait aux
pieds. Mais alors je connaissais mon pauvre Delatouche; je savais ce qu'il fallait admettre et rejeter
dans ses indignations, trop violentes et trop amères
pour n'être pas à moitié injustes.

Moins de deux ans après cette fureur contre moi,
Delatouche vint en Berry chez sa cousine, madame
Duvernet la mère, et, ramené à la vérité par elle
et son fils, mon ami Charles, il eut grande envie

de venir me voir. Il ne put s'y décider. Il m'adressa
des gracieusetés dans un de ses romans. Il ne se
souvenait pas d'avoir dit contre moi des choses trop
fortes pour que je pusse me rendre à des avances
littéraires. Ce n'étaient pas des compliments qui
devaient fermer la blessure de l'amitié. Des compliments, je n'y tenais pas; je n'en ai jamais eu
besoin. Je n'ai jamais demandé à l'amitié de me
considérer comme un grand esprit, mais de me traiter comme un cœur loyal. Je ne me rendis qu'à des
avances directes, à une demande de service en 1844.
Une telle démarche est l'amende la plus honorable
qui se puisse exiger, et là je n'hésitai pas une seconde. Je jetai mes deux bras au cou de mon vieux
ami, enfant terrible et tendre, qui, dès ce moment,
mit un véritable luxe de cœur à me faire oublier
le passé.

Un autre chagrin plus profond pour moi fut l'entrée de mon fils au collége. J'avais attendu avec
impatience le moment de l'avoir près de moi, et ni
lui ni moi ne savions ce que c'est que le collége. Je
ne veux pas médire de l'éducation en commun,
mais il est des enfants dont le caractère est antipathique à cette règle militaire des lycées, à cette
brutalité de la discipline, à cette absence de soins
maternels, de poésie extérieure, de recueillement
pour l'esprit, de liberté pour la pensée. Mon pauvre
Maurice était né artiste, il en avait tous les goûts,

il en avait pris avec moi toutes les habitudes, et,
sans le savoir encore, il en avait toute l'indépendance. Il se faisait presque une fête d'entrer au
collége, et, comme tous les enfants, il voyait un
plaisir dans un changement de lieu et d'existence.
Je le conduisis donc à Henri IV, gai comme un petit
pinson, et contente moi-même de le voir si bien
disposé. Sainte-Beuve, ami du proviseur, me pro-
mettait qu'il serait l'objet d'une sollicitude particulière. Le censeur était un père de famille, un homme
excellent, qui le reçut comme un de ses enfants.

Nous fimes avec lui le tour de l'établissement.
Ces grandes cours sans arbres, ces cloîtres uniformes
d'une froide architecture moderne, ces tristes cla-
meurs de la récréation, voix discordantes et comme
furieuses des enfants prisonniers, ces mornes figures
des maîtres d'études, jeunes gens déclassés qui sont
là, pour la plupart, esclaves de la misère, et forcément victimes ou tyrans; tout, jusqu'à ce tambour,
instrument guerrier, magnifique pour ébranler les
nerfs des hommes qui vont se battre, mais stupide-
ment brutal pour appeler des enfants au recueillement du travail, me serra le cœur et me causa une
sorte d'épouvante. Je regardais, à la dérobée, dans
les yeux de Maurice, et je le voyais partagé entre
l'étonnement et quelque chose d'analogue à ce qui
se passait en moi. Pourtant il tenait bon, il craignait que son père ne se moquât de lui; mais quand

vint le moment de se séparer, il m'embrassa, le
cœur gros, les yeux pleins de larmes. Le censeur
le prit dans ses bras très-paternellement, voyant
bien que l'orage allait éclater. Il éclata, en effet,
au moment où je m'en allais vite pour cacher mon
malaise. L'enfant s'échappa des bras qui le cares-
saient, vint s'attacher à moi, en criant avec des
sanglots désespérés qu'il ne voulait pas rester là.

Je crus que j'allais mourir. C'était la première
fois que je voyais Maurice malheureux, et je voulais le remmener. Mon mari fut plus ferme et eut
certes toutes les bonnes raisons de son côté. Mais,
obligée de m'enfuir devant les caresses et les suppli-
cations de mon pauvre enfant, poursuivie par ses
cris jusqu'au bas de l'escalier, je revins chez moi
sanglotant et criant presque autant que lui dans le
flacre qui me ramenait.

J'allai le voir deux jours après. Je le trouvai
affublé de l'affreux habit carré d'uniforme, lourd
et malpropre. Je ne sais si cette coutume subsiste
encore de faire porter aux élèves qui entrent les
vieux habits de ceux qui sortent. C'était une véritable vilenie de spéculation, puisque les parents
payaient un trousseau d'entrée. Je réclamai en vain,
remontrant que cela était malsain et pouvait communiquer aux enfants des maladies de peau. Une
autre coutume barbare consistait dans l'absence de
vases de nuit dans les dortoirs, avec défense de

sortir pour se soulager. D'un autre côté, la spéculation autorisait la vente de méchantes friandises
qui les rendaient malades.

Encore le proviseur était-il des plus honnêtes et
des plus humains, et le mieux disposé à combattre
des abus qui n'étaient pas de son fait. Il eut un
successeur qui se montra fort doux et affable. Mais
M. *** vint ensuite, qui se posa devant moi en
homme *moral* à la manière d'un sergent de ville,
et qui sut rendre les enfants aussi malheureux que
la règle le comportait. Partisan farouche de l'autorité absolue, c'est lui qui autorisa un père *intelligent*
à faire battre son fils par son nègre, devant toute
la classe, convoquée *militairement* au spectacle de
cette exécution dans le goût créole ou moscovite,
et menacée de punition sévère en cas du moindre
signe d'improbation. J'ai oublié le nom du proviseur et celui du père de l'enfant, je ne veux pas
que mon fils me les rappelle, mais tout ce qui était
élève à Henri IV à cette époque pourra certifier
le fait.

Ma seconde visite à Maurice se termina comme
la première; mes amis m'accusèrent de faiblesse.
J'avoue que je ne me sentais ni Romaine ni Spar-
tiate devant le désespoir d'un pauvre enfant que
l'on condamnait à subir une loi brutale et merce-
naire, sans qu'il eût en rien mérité ce cruel châti-
ment. On me traîna, ce jour-là, au Conservatoire

de musique, comptant que Beethoven me ferait du
bien. J'avais tant pleuré en revenant du collége,
que j'avais littéralement les yeux en sang. Cela ne
paraissait guère raisonnable et ne l'était pas du
tout. Mais la raison ne pleure jamais, ce n'est pas
son affaire, et les entrailles ne raisonnent pas, elles
ne nous ont pas été données pour cela.

La *Symphonie pastorale* ne me calma pas du tout.
Je me souviendrai toujours de mes efforts pour
pleurer tout bas, comme d'une des plus abomina-
bles angoisses de ma vie.

Maurice ne se rendit qu'à la crainte d'augmenter
un chagrin que je ne pouvais pas lui cacher; mais
son parti n'était pris qu'à moitié. Ses jours de sortie
amenaient de nouvelles crises. Il arrivait le matin,
gai, bruyant, enivré de sa liberté. Je passais une
grande heure à le laver et à le peigner, car la mal-
propreté qu'il apportait du collége était fabuleuse.
Il ne tenait pas à se promener; toute sa joie était
de rester avec sa sœur et moi dans mes petites
chambres, de barbouiller des bonshommes sur du
papier, de regarder ou de découper des images.
Jamais enfant, et plus tard jamais homme, n'a si
bien su s'occuper et s'amuser d'un travail séden-
taire. Mais à chaque instant il regardait la pen-
dule, disant : Je n'ai plus que *tant* d'heures à
passer avec toi. Sa figure s'allongeait à mesure que
le temps s'écoulait. Quand venait le diner, au lieu

de manger il commençait à pleurer, et quand l'heure de rentrer avait sonné, le déluge était tel, que souvent j'étais forcée d'écrire qu'il était malade, et c'était la vérité. L'enfance ne sait pas lutter contre le chagrin, et celui de Maurice était une véritable nostalgie.

Quand on le prépara à sa première communion, qui était affaire de règlement au collége, je vis qu'il acceptait très-naïvement l'enseignement religieux. Je n'aurais voulu pour rien au monde qu'il commençât sa vie par un acte d'hypocrisie ou d'athéisme, et si je l'eusse trouvé disposé à se moquer, comme beaucoup d'autres, je lui aurais dit les motifs sérieux qui m'apparurent dans mon enfance pour me décider à ne pas protester contre une institution dont j'acceptais l'esprit plutôt que la lettre ; mais, en reconnaissant qu'il ne discutait rien, je me gardai bien de faire naître en lui le moindre doute. La discussion n'était pas de son âge, et son esprit ne devançait pas son âge. Il fit donc sa première communion avec beaucoup d'innocence et de ferveur.

Je venais de passer une des plus tristes années de ma vie, celle de 1833, et il me reste à la résumer.

3.

CHAPITRE DEUXIÈME

Cette année 1833 ouvrit pour moi la série des
chagrins réels et profonds que je croyais avoir
épuisée et qui ne faisait que de commencer. J'avais
voulu être artiste, je l'étais enfin. Je m'imaginai
être arrivée au but poursuivi depuis longtemps, à
l'indépendance extérieure et à la possession de ma
propre existence : je venais de river à mon pied une
chaîne que je n'avais pas prévue.

Être artiste! oui, je l'avais voulu, non-seulement
pour sortir de la geôle matérielle où la propriété,
grande ou petite, nous enferme dans un cercle
d'odieuses petites préoccupations; pour m'isoler du
contrôle de l'opinion en ce qu'elle a d'étroit, de
bête, d'égoïste, de lâche, de provincial; pour vivre
en dehors des préjugés du monde, en ce qu'ils ont
de faux, de suranné, d'orgueilleux, de cruel, d'im-
pie et de stupide; mais encore, et avant tout, pour
me réconcilier avec moi-même, que je ne pouvais
souffrir oisive et inutile, pesant, à l'état de *maître*,
sur les épaules des travailleurs. Si j'avais pu piocher
la terre, je m'y serais mise avec eux plutôt que
d'entendre ces mots que, dans mon enfance, on
avait grondés autour de moi quand Deschartres
avait le dos tourné : « Il veut que l'on s'*échauffe*,
lui qui a le ventre plein et les mains derrière son
dos! » Je voyais bien que les gens à mon service
étaient souvent plus paresseux que fatigués, mais
leur apathie ne me justifiait pas de mon inaction. Il
ne me semblait pas avoir le droit d'exiger d'eux le
moindre labeur, moi qui ne faisais rien du tout,
car c'est ne rien faire que de s'occuper pour son
plaisir.

Par goût, je n'aurais pas choisi la profession littéraire, et encore moins la célébrité. J'aurais voulu
vivre du travail de mes mains, assez fructueusement
pour pouvoir faire consacrer mon droit au travail

par un petit résultat sensible, mon revenu patrimo-
nial étant trop mince pour me permettre de vivre
ailleurs que sous le toit conjugal, où régnaient des
conditions inacceptables. Comme la seule objection
à la liberté qu'on me laissait d'en sortir était le
manque d'un peu d'argent à me donner, il me fallait ce peu d'argent. Je l'avais enfin. Il n'y avait
plus de reproches ni de mécontentement de ce
coté-là.

J'aurais souhaité vivre obscure, et comme, depuis
la publication d'*Indiana* jusqu'après celle de *Valentine*, j'avais réussi à garder assez bien l'incognito
pour que les journaux m'accordassent toujours le
titre de *monsieur*, je me flattais que ce petit succès
ne changerait rien à mes habitudes sédentaires et à
une intimité composée de gens aussi inconnus que
moi-même. Depuis que je m'étais installée au quai
Saint-Michel avec ma petite, j'avais vécu si retirée
et si tranquille que je ne désirais d'autre améliora-
tion à mon sort qu'un peu moins de marches d'escalier à monter et un peu plus de bûches à mettre
au feu.

En m'établissant au quai Malaquais je me crus
dans un palais, tant la mansarde de Delatouche
était confortable au prix de celle que je quittais.
Elle était un peu sombre quoique en plein midi; on
n'avait pas encore bâti à portée de la vue, et les
grands arbres des jardins environnants faisaient un

épais rideau de verdure où chantaient les merles et où babillaient les moineaux avec autant de laisser aller qu'en pleine campagne. Je me croyais donc en possession d'une retraite et d'une vie conformes à mes goûts et à mes besoins. Hélas! bientôt je devais soupirer, là comme partout, après le repos, et bientôt courir en vain, comme Jean-Jacques Rousseau, à la recherche d'une solitude.

Je ne sus pas garder ma liberté, défendre ma porte aux curieux, aux désœuvrés, aux mendiants de toute espèce, et bientôt je vis que ni mon temps ni mon argent de l'année ne suffiraient à un jour de cette obsession. Je m'enfermai alors, mais ce fut une lutte incessante, abominable, entre la sonnette, les pourparlers de la servante et le travail dix fois interrompu.

Il y a, à Paris, autour des artistes, une mendicité organisée dont on est longtemps dupe, et dont on continue à être victime ensuite par scrupule de conscience. Ce sont de prétendus vieux artistes dans la misère qui vont de porte en porte avec des souscriptions couvertes de signatures fabriquées; ou bien des artistes sans ouvrage, des mères qui viennent de mettre leur dernière nippe au mont-de-piété pour donner le pain de la journée à leurs enfants; ce sont des comédiens infirmes, des poëtes sans éditeurs, de fausses dames de charité. Il y a même de prétendus missionnaires, de soi-disant curés. Tout cela

est un ramassis d'infâmes vagabonds échappés du
bagne ou dignes d'y entrer. Les meilleurs sont de
vieilles bêtes que la vanité, l'absence du talent et
finalement l'ivrognerie ont réduites à une misère
véritable.

Quand on a eu la simplicité de se laisser prendre
à la première histoire, à la première figure, la bande
vous signale comme une proie à exploiter, vous
entoure, vous surveille, connaît vos heures de
sortie et jusqu'à vos jours de recette. Elle approche
d'abord avec discrétion, puis ce sont de nouvelles
figures et de nouvelles histoires, des visites plus
fréquentes, des lettres où l'on vous avertit que,
dans deux heures, si le secours demandé n'arrive
pas, on ne trouvera plus au logis désigné qu'un
cadavre. Le sort d'Élisa Mercœur et d'Hégésippe
Moreau sert désormais de thème et de menace à tous
les poëtes qui ne rougissent pas de mendier, et qui
se disent trop grands hommes pour faire un autre
état que de rêver aux étoiles.

Je ne suis pas tellement simple que je sois la dupe
de toutes ces misères intéressantes; mais il en est
tant de réelles et d'imméritées que, parmi celles qui
demandent, c'est un travail à perdre la tête que
de reconnaître les vraies d'avec les fausses. En
thèse générale, et l'on peut dire quatre-vingt-dix fois
sur cent, ceux qui mendient sont de faux pauvres
ou des pauvres infâmes. Ceux qui souffrent réelle-

ment, en dépit du courage et de la moralité, aiment mieux mourir que de mendier. Il faut chercher ceux-ci, les découvrir, les tromper souvent pour leur faire accepter l'assistance. Les autres vous assiégent, vous obsèdent, vous menacent.

Mais il est aussi des malheureux sans grandes vertus et sans grands vices, privés de l'héroïsme du silence (héroïsme qu'il est vraiment cruel d'exiger de la pauvre espèce humaine), il est des courages épuisés, des volontés usées par l'insuccès ou rebutées par l'impuissance. Il est aussi des femmes qui, par un autre genre d'héroïsme que celui de la résignation, boivent le calice de l'humilité et tendent la main pour sauver leur mari, leur amant, leurs enfants surtout. Il suffit qu'on risque d'abandonner à la faim, au désespoir, au suicide, une de ces victimes innocentes sur quatre-vingt-dix-neuf filous effrontés, pour qu'on ne dorme pas tranquille ; et voilà le boulet qui s'attacha à ma vie dès que mon petit avoir de chaque journée eut dépassé le strict nécessaire.

N'ayant pas le temps de courir aux informations pour saisir la vérité, puisque j'étais rivée au travail, je cédai longtemps à cette considération toute simple en apparence qu'il valait mieux donner cent sous à un gredin que de risquer de les refuser à un honnête homme. Mais le système d'exploitation grossit avec une telle rapidité et dans de telles proportions au-

tour de moi, que je dus regretter d'avoir donné aux
uns pour arriver à être forcée de refuser aux autres.
Puis, je remarquai, dans les discours pathétiques
que l'on me tenait, des contradictions, des men-
songes. Il fut un temps où, ne se gênant plus du
tout, tous ces visages patibulaires arrivaient le
même jour de la semaine. J'essayai de refuser le
premier, le second vint et insista. Je tins bon, le
troisième ne vint pas. Je vis dès lors que c'était une
bande. J'aurais dû avertir la police. J'y répugnai,
ne me croyant pas assez sûre de mon fait.

Mais d'autres mendiants arrivèrent, soit une
autre bande, soit l'arrière-garde de la première. Je
pris sur moi ce dont je ne m'étais pas encore senti
le courage, dans la crainte d'humilier la misère :
j'exigeai des preuves. Quelques maladroits s'éclip-
sèrent subitement devant cette méfiance, me laissant
voir assez naïvement qu'elle était fondée. D'autres
feignirent d'en être blessés, d'autres enfin me four-
nirent des moyens apparents de constater leur dé-
nûment. Ils donnèrent leurs noms, leurs adresses ;
c'étaient de faux noms, de fausses adresses. Je
montai dans des mansardes hideuses. Je vis des
enfants desséchés de faim, rongés de plaies, et quand
j'eus porté là des secours, je découvris, un beau
matin, que ces mansardes et ces enfants étaient
loués pour une exhibition de guenilles et de maladies, qu'ils n'appartenaient pas à la femme qui

pleurait sur eux devant moi, et qui les mettait à la
porte à grands coups de balai quand j'étais partie.

J'envoyai une fois chez un poëte malheureux,
qui devait être trouvé asphyxié, comme Escousse,
si, à telle heure, il ne recevait pas ma réponse.
On frappa en vain, il faisait le mort. On enfonça
la porte : on le trouva mangeant des saucisses.

Pourtant, comme au milieu de cette vermine qui
s'attache aux gens consciencieux il m'arrivait de
mettre la main sur de véritables infortunés, je ne
pus jamais me décider à repousser d'une manière
absolue la mendicité. Pendant quelques années, je
fis une petite rente à des personnes chargées d'aller
aux informations pendant quelques heures de la matinée. Elles furent trompées un peu moins que moi,
voilà tout, et depuis que je n'habite plus Paris, la
correspondance ruineuse de centaines de mendiants
continue à m'arriver de tous les points de la France.

Il y a une série de poëtes et d'auteurs qui veulent des protections, comme si la protection pouvait
suppléer, je ne dis pas seulement au talent, mais à
la plus simple notion de la langue que l'on prétend écrire. Il y a une série de femmes incomprises
qui veulent entrer au théâtre. Elles n'ont jamais
essayé, il est vrai, de jouer la comédie, mais elles
se sentent la vocation de jouer les premiers rôles :
une série de jeunes gens sans emploi qui demandent
le premier emploi venu dans les arts, dans l'agri-

culture, dans la comptabilité; ils sont propres à
tout apparemment, et bien qu'on ne les connaisse
pas, on doit les recommander et répondre d'eux
comme de soi-même. De plus modestes avouent
qu'ils sont sans éducation aucune, qu'ils ne sont
propres à rien, mais que, sous peine de manquer
d'humanité, il faut leur trouver quelque chose à
faire. Il y a aussi une série d'ouvriers démocrates
qui ont résolu le problème social et qui feront disparaître la misère de notre société, si on leur donne
de quoi publier leur système. Ceux-là sont infailli-
bles. Quiconque en doute est vendu à l'orgueil, à
l'avarice et à l'égoïsme. Il y a encore une série de
petits commerçants ruinés qui ont besoin de cinq
ou six mille francs pour racheter un fonds de boutique. « Cela est une misère pour vous! disent-ils;
vous êtes bonne, vous ne me refuserez pas. » Il y a
enfin des peintres, des musiciens, qui n'ont pas de
succès parce qu'ils ont trop de génie et que la jalousie des maîtres les repousse; il y a des soldats
engagés qui voudraient se racheter, des juifs qui
demandent des autographes pour les vendre, des
demoiselles qui veulent entrer chez moi comme
femmes de chambre pour être mes élèves en littérature. J'ai chez moi des armoires pleines de lettres
saugrenues, de manuscrits fabuleux, de romances
ou d'opéras de l'autre monde, et des théories sociales à sauver tous les habitants du système pla-

nétaire. Tout cela avec un *post-scriptum* portant demande d'un petit secours en attendant, et en double ou triple récidive, avec injures à la seconde sommation et menaces à la troisième.

Et pourtant j'ai la patience de lire toutes les lettres quand elles ne sont pas impossibles à déchiffrer, quand elles ne sont pas de seize pages en caractères microscopiques. J'ai la conscience de commencer toutes les élucubrations philosophiques, musicales et littéraires, et de les continuer quand je ne suis pas révoltée à la première page par des fautes trop grossières ou des aberrations trop révoltantes.

Quand je vois une ombre de talent, je mets à part et je réponds. Quand j'en vois beaucoup, je m'en occupe tout à fait. Ces derniers ne me donnent pas grande besogne; mais la médiocrité honnête est encore assez abondante pour me prendre bien du temps et me causer bien de la fatigue. Le vrai talent ne demande jamais rien; il offre et donne un pur témoignage de sympathie. La médiocrité honnête ne demande pas d'argent, mais des compliments sous forme d'encouragement. La médiocrité plate, à un degré au-dessous, commence à demander des éditeurs ou des articles de journaux. La stupidité demande, que dis-je, elle exige impérieusement *l'argent et la gloire!*

Ajoutez à cette persécution les lettres anonymes remplies d'injures grossières; les entreprises, sou-

vent tout aussi cyniques, des saints et des saintes
qui veulent me faire rentrer dans le giron de l'Église;
les curés qui m'offrent de racheter mon âme en leur
envoyant de quoi réparer une chapelle ou habiller
une statue de la Vierge; les visites étranges, les
trappistes, les instituteurs destitués en 1848, les
mouchards volontaires, espèces d'agents provoca-
teurs imbéciles qui viennent crier contre tous les
gouvernements, et qui se trompent, faisant du légi-
timisme chez les républicains et *vice versâ*; les artistes bohémiens, les colonels et capitaines espagnols
réfugiés de tous les partis, successivement battus
dans ce pays des vicissitudes, officiers supérieurs à
la quinzaine, chamarrés de décorations, qui demandent vingt francs et se rabattent sur vingt sous :
enfin la misère fausse ou vraie, humble ou arro-
gante, la vanité confiante ou haineuse, l'ignoble
rage de parti, l'indiscrétion, la folie, la bassesse ou
la stupidité sous toutes les formes : voilà la lèpre
qui s'attache à toute célébrité, qui dérange, qui
trouble, qui lasse, qui ruine, qui tue à la longue,
à moins qu'on n'adopte ce farouche principe, *toute
misère est méritée*, qu'on n'écrive sur sa porte, *je
ne donne rien*, et qu'on dorme tranquille en se disant : « J'ai été exploité par des fripons, que ce soit
tant pis désormais pour les honnêtes gens qui ont
faim ! »

Et encore n'ai-je pas parlé des simples curieux,

race très-mélangée où l'on risque de tourner le dos
à quelques honorables sympathies pour se délivrer
d'une foule d'oisifs importuns. Dans cette dernière
catégorie, il y a des Anglais en voyage qui veulent
simplement mettre sur leur livre de notes qu'ils
vous ont vue; et comme j'ai trop oublié l'anglais
pour faire l'effort de le parler avec eux, ceux qui
ne savent pas trois mots de français me parlent
dans leur langue, je leur réponds dans la mienne.
Ils ne comprennent pas, ils font *oh!* et s'en vont
satisfaits. Comme je sais que quelques-uns ont un
carnet et un crayon tout taillé pour écrire les ré-
ponses, même avant de remonter en voiture, de
crainte de les oublier, je me suis amusée quelquefois à leur répondre aussi par *oh!* ou à leur dire des
choses si inintelligibles, quand leur figure m'en-
nuyait, que je les défie bien d'en avoir retenu
quelque chose. Il est vrai qu'il y a le curieux trop
intelligent qui vous fait parler et vous prête *des
mots.*

Il y a aussi le curieux malveillant, qui vient
avec l'intention de vous confesser, et qui s'en va
tout à fait ennemi quand il n'a pu vous arracher
que des réflexions sur la pluie et le beau temps.

Il y a encore les poseurs, qui entrent chez vous
pour vous faire savoir qu'ils vous valent bien, et
que vous n'avez pas de temps à perdre si vous voulez corroborer un peu votre futile talent à l'aide de

leur expérience et de leur puissante raison. Ils vous
donnent des sujets de roman, des types, des situations de théâtre. Enfin, ce sont des riches prodigues
qui ont de la bienveillance pour vous et qui viennent vous faire l'aumône d'une idée.

On ne peut pas se figurer les excentricités, les
inconvenances, les ridicules, les vanités, les folies
et les bêtises de toutes sortes qui viennent se faire
passer en revue par les malheureux artistes affligés
de quelque renommée. Cette importunité délirante
n'a qu'un bon résultat, qui est de vous inspirer un
vif intérêt et une joyeuse sollicitude pour le talent
modeste et vrai qui veut bien se révéler à vous. On
est pressé alors de reporter sur lui le bon vouloir
que tant d'aberrations et de prétentions vous ont
forcé de refouler.

Ainsi, à peine arrivée au résultat que j'avais
poursuivi, une double déception m'apparut. Indépendance sous ces deux formes, l'emploi du temps
et l'emploi des ressources, voilà ce que je croyais
tenir, voilà ce qui se transforma en un esclavage
irritant et continuel. En voyant combien mon travail était loin de suffire aux exigences de la misère
environnante, je doublai, je triplai, je quadruplai
la dose du travail. Il y eut des moments où elle fut
excessive, et où je me reprochai les heures de repos
et de distraction nécessaires comme une mollesse
de l'âme, comme une satisfaction de l'égoïsme.

Naturellement absolue dans mes convictions, je fus longtemps gouvernée par la loi de ce travail forcé et de cette aumône sans bornes, comme je l'avais été par l'idée catholique, au temps où je m'interdisais les jeux et la gaieté de l'adolescence pour m'absorber dans la prière et dans la contemplation.

Ce ne fut qu'en ouvrant ma pensée au rêve d'une grande réforme sociale que je me consolai, par la suite, de l'étroitesse et de l'impuissance de mon dévouement. Je m'étais dit, avec tant d'autres, que certaines bases sociales étaient indestructibles, et que le seul remède contre les excès de l'inégalité était dans le sacrifice individuel, volontaire. Mais c'est la porte ouverte aux égoïstes aussi bien qu'aux dévoués, cette théorie de l'aumône particulière. On y entre tout entier ou on fait semblant d'y entrer. Personne n'est là pour constater que vous êtes dedans ou dehors. Il y a bien une loi religieuse qui vous prescrit de donner, non pas votre superflu, mais jusqu'au nécessaire; il y a bien une opinion qui vous conseille la charité : mais il n'est pas de pouvoir constitué qui vous contraigne et qui contrôle l'étendue et la réalité de vos dons[1]. Dès lors, vous êtes libre de tricher l'opinion, d'être athée devant Dieu et hypocrite devant les hommes. La misère est à la merci de la conscience de chaque

[1] En signalant ce fait, je n'entends pas dire que l'aumône forcée soit une solution sociale. On le verra tout à l'heure.

individu ; et tandis que des courages naïfs s'immolent avec excès, des esprits froids et positifs s'abstiennent de les seconder, et leur laissent porter un fardeau impossible.

Oui, impossible! Car s'il en était autrement, si une poignée de bons serviteurs pouvait sauver le monde et suffire, par un travail forcé et une abnégation sans limites, à détruire la misère et tous les vices qu'elle engendre, ceux-là devraient s'estimer heureux et fiers de leur mission, et l'espoir du succès en attirerait un plus grand nombre à la gloire et à la joie du sacrifice. Mais cet abime de la misère n'est pas de ceux que les dieux consentent à fermer quand il a englouti quelque holocauste. Il est sans fond, et il faut qu'une société entière y précipite ses offrandes pour le combler un instant. Dans l'état des choses, il semble même que les dévouements partiels le creusent et l'agrandissent, puisque l'aumône avilit, en condamnant celui qui compte sur elle à l'abandon de soi-même.

On a retiré au clergé, aux communautés religieuses les immenses biens qu'ils possédaient; on a tenté, dans une grande révolution sociale, de créer une caste de petits propriétaires actifs et laborieux à la place d'une caste de mendiants inertes et nuisibles. Donc l'aumône ne sauvait pas la société, même exercée en grand par un corps constitué et considérable ; donc les richesses consacrées à l'au-

mône étaient loin de suffire, puisque ces richesses,
mobilisées et distribuées sous une autre forme, ont
laissé l'abime béant et la misère pullulante. Et l'on
voit qu'en me servant de cet exemple, je suppose
que tout a été pour le mieux, que le clergé et les
couvents n'ont jamais employé leurs biens qu'à
faire l'aumône, et que la vente des biens nationaux
n'a enrichi que des pauvres, ce qui n'est pas absolument vrai, on le sait de reste.

Oui, oui, hélas! la charité est impuissante, l'aumône inutile. Il est arrivé, il arrivera encore, que
des crises violentes forceront les dictatures, qu'elles
soient populaires ou monarchiques, à tailler dans
le vif et à exiger de la part des classes riches des
sacrifices considérables. Ce sera le droit du moment,
mais jamais un droit absolu, selon les hommes, si
un principe nouveau ne vient le consacrer d'une
manière éternelle dans la libre croyance de tous les
hommes.

Les gouvernements, quels qu'ils soient, n'y peuvent guère encore. Ne les accusez pas trop. A supposer qu'ils voulussent inaugurer à tout prix ce
principe de salut universel sous une forme quelconque, ils le voudraient en vain. La résistance des
masses brisera toujours la volonté des individus,
quelque ardente, quelque miraculeuse qu'elle puisse
être. Toute dictature est un rêve, si ce n'est celle
du temps.

4.

Et cependant, que faire, nous autres individus de bonne intention? Nous abstenir ou nous immoler!

Je me suis mille fois posé ce problème, et je ne l'ai pas résolu. La loi du Christ : *Vendez tout, donnez l'argent aux pauvres et suivez-moi,* est interdite aujourd'hui par les lois humaines. Je n'ai pas le droit de vendre mes biens et de les donner aux pauvres. Quand même des constitutions particulières de propriété ne s'y opposeraient pas, la loi morale de l'hérédité des biens, qui entraîne celle de l'hérédité d'éducation, de dignité et d'indépendance, nous l'interdit absolument, sous peine d'infraction aux devoirs de la famille. Nous ne sommes pas libres d'imposer le baptême de la misère aux enfants nés de nous. Ils ne sont pas plus notre propriété morale que les serfs n'étaient la propriété légitime d'un seigneur. La misère est dégradante, il n'y a pas à dire, puisque là où elle est complète il faut s'humilier, et puisqu'on n'y échappe, dans ce cas, que par la mort. Personne ne pourrait donc légitimement jeter ses enfants dans l'abime pour en retirer ceux des autres. Si tous appartiennent à Dieu au même titre, nous nous devons plus spécialement à ceux qu'il nous a donnés. Or, tout ce qui enchaîne la liberté future d'un enfant est un acte de tyrannie, quand même c'est un acte d'enthousiasme et de vertu.

Si quelque jour, dans l'avenir, la société nous demande le sacrifice de l'héritage, sans doute elle pourvoira à l'existence de nos enfants ; elle les fera honnêtes et libres au sein d'un monde où le travail constituera le droit de vivre. La société ne peut prendre légitimement à chacun que pour rendre à tous. En attendant le règne de cette idée, qui est encore à l'état d'utopie, forcés de nous débattre dans les liens de la famille qui seront toujours sacrés, et les effroyables difficultés de l'existence par le travail ; contraints de nous conformer aux lois constituées, c'est-à-dire de respecter la propriété d'autrui et de faire respecter la nôtre, sous peine de finir par le bagne ou l'hôpital, quel est donc le *devoir*, pour ceux qui voient, de bonne foi, l'abîme de la souffrance et de la misère ?

Voilà un problème insoluble si l'on ne se résout à vivre au sein d'une contradiction flagrante entre les principes de l'avenir et les nécessités du présent. Ceux qui nous crient que nous devrions prêcher d'exemple, ne rien posséder et vivre à la manière des chrétiens primitifs, semblent avoir raison contre nous ; seulement, en nous prescrivant avec ironie de donner tout et de vivre d'aumônes, ils ne sont guère logiques non plus, puisqu'ils nous engagent à consacrer, par notre exemple, le principe de la mendicité que nous repoussons à l'état de théorie sociale.

Quelques socialistes abordent plus franchement la question, et j'en sais qui m'ont dit : « Ne faites pas l'aumône. En donnant à ceux qui demandent, vous consacrez le principe de leur servitude. »

Eh bien, ceux-là mêmes qui me parlaient ainsi dans des moments de conviction passionnée faisaient l'aumône le moment d'après, incapables de résister à la pitié qui commande aux entrailles et qui échappe au raisonnement; et comme, en faisant l'aumône, on est encore plus humain et plus utile qu'en se réduisant soi-même à la nécessité de la recevoir, je crois qu'ils avaient raison d'enfreindre leur propre logique, et de se résigner, comme moi, à n'être pas d'accord avec eux-mêmes.

La vérité n'en reste pas moins une chose absolue, en ce sens qu'on ne peut ni ne doit admettre la justice des lois qui régissent aujourd'hui la propriété. Je ne crois pas qu'elles puissent être anéanties d'une manière durable et utile, par un bouleversement subit et violent. Il est assez démontré que le partage des biens constituerait un état de lutte effroyable et sans issue, si ce n'est l'établissement d'une nouvelle caste de gros propriétaires dévorant les petits, ou une stagnation d'égoïsmes complétement barbares.

Ma raison ne peut admettre autre chose qu'une série de modifications successives amenant les hommes, sans contrainte et par la démonstration de

leurs propres intérêts, à une solidarité générale dont
la forme absolue est encore impossible à définir.
Durant le cours de ces transformations progressives,
il y aura encore bien des contradictions entre le but
à poursuivre et les nécessités du moment. Toutes
les écoles socialistes de ces derniers temps ont entrevu la vérité et l'ont même saisie par quelque
point essentiel; mais aucune n'a pu tracer bien sa-
gement le code des lois qui doivent sortir de l'inspiration générale à un moment donné de l'histoire.
C'est tout simple : l'homme ne peut que proposer;
c'est l'avenir qui dispose. Tel croit être le philosophe
le plus avancé de son siècle, qui sera tout à coup
dépassé par des événements et des situations tout à
fait mystérieux dans les desseins de la Providence,
de même que certains obstacles qui paraissent lé-
gers aux plus prudents résisteront longtemps à l'action des efforts humains.

Pour ma part, je n'ai pas eu tout à fait la liberté
du choix dans ma conduite privée, eu égard à l'emploi des biens qui me sont échus. Placée, par con-
trat, sous la loi du régime dotal, qui est une sorte
de substitution de la propriété, j'ai dû regarder
Nohant comme un petit majorat dont je n'étais que
le dépositaire, et je n'aurais pu éluder cette loi
qu'en faisant l'office de dépositaire infidèle envers
mes enfants. Je me suis fait un cas de conscience
de leur transmettre intact le mince héritage que

j'avais reçu pour eux, et j'ai cru concilier, autant
que possible, la religion de la famille et la religion
de l'humanité en ne disposant pour les pauvres
que des revenus de mon travail. Je ne sais pas si je
suis dans le faux. J'ai cru être dans le vrai. J'ai la
certitude de m'être abstenue, depuis bien des années,
de toute satisfaction purement personnelle, de n'a-
voir rien donné à la vanité, au luxe, à la mollesse,
à l'avarice, aux passions que je n'avais pas et que
le moyen de les satisfaire n'a pas fait naître en moi.
Mince mérite à coup sûr ! Le seul sacrifice qui m'ait
un peu coûté, c'est de renoncer aux voyages, que
j'aurais aimés de passion, et qui m'eussent développée comme artiste; mais dont j'ai dû m'abstenir,
à moins de nécessité pour les autres. Renoncer au
séjour de Paris m'a été personnellement nuisible
aussi à beaucoup d'égards; mais j'ai cru ne devoir
pas hésiter, et ce sacrifice a porté avec soi sa récompense, puisque l'amour de la campagne et de la
vie intime m'a dédommagée de mon isolement
social.

Je n'ai donc rien fait de grand et je n'ai vu réellement rien de grand à faire, qui n'entamât pas,
par quelque point, la sécurité de ma conscience.
Lancer mes enfants, malgré eux, dans le fanatisme
de convictions ardentes, m'eût semblé un attentat
contre leur liberté morale. J'ai cru devoir leur dire
ma foi et les laisser maîtres de la partager ou de la

rejeter. J'ai cru devoir, dans la prévision des crises
de l'avenir, travailler à amoindrir en eux la confiance aveugle et dangereuse que l'héritage inspire
à la jeunesse, et leur prêcher la nécessité du travail.
J'ai cru devoir faire de mon fils un artiste, ne pas
l'élever pour n'être qu'un propriétaire, et cependant
ne pas le forcer à n'être qu'artiste en le dépouillant
de sa propriété. J'ai cru devoir remplir avec une
fidélité scrupuleuse toutes les obligations que, sous
peine de déshonneur et de manque de parole, les
contrats relatifs à l'argent imposent à tout le monde.
Quant à l'argent, je n'ai pas su en gagner à tout
prix ; je n'ai même pas su en gagner beaucoup, tout
en travaillant avec une persévérance soutenue. J'ai
su en perdre, par conséquent en refuser à ceux qui
m'en demandaient, plutôt que d'en arracher rigou-
reusement à ceux qui m'en devaient, et que j'aurais
réduits à la gêne. Les relations pécuniaires sont établies de telle sorte que l'assistance envers les uns
pourrait bien, si l'on n'y prenait garde, être le dé-
pouillement cruel des autres. Que faire de mieux ?
Je ne sais pas. Si je le savais, je l'aurais fait, car
mon intention est très-droite. Mais je ne vois pas,
et je n'ai pas trouvé le moyen de rendre mon dévouement utile à mes semblables dans de grandes
proportions, et je ne peux pas attribuer cette impossibilité à l'insuffisance de mes ressources. Qu'elles
s'étendissent à des sommes beaucoup plus considéra-

bles, le nombre des infortunés à ma charge n'eût
fait que s'accroître, et des millions de louis dans mes
mains eussent amené des millions de pauvres autour
de moi. Où serait la limite? MM. de Rothschild
donnant leur fortune aux indigents détruiraient-ils
la misère? On sait bien que non. Donc la charité
individuelle n'est pas le remède, ce n'est même pas
un palliatif. Ce n'est pas autre chose qu'un besoin
moral qu'on subit, une émotion qui se manifeste et
qui n'est jamais satisfaite.

J'ai donc des raisons d'expérience, des raisons
puisées dans mes propres entrailles, pour ne pas
accepter le fait social comme une vérité bonne et
durable, et pour protester contre ce fait jusqu'à ma
dernière heure. On a dit que j'avais pris cet esprit
de révolte dans mon orgueil. Qu'est-ce que mon
orgueil avait à faire dans tout cela? J'ai commencé
par accepter sans réflexion et sans combat les choses
établies. J'ai pratiqué la charité, et je l'ai pratiquée
longtemps avec beaucoup de mystère, croyant naïvement que c'était là un mérite dont il fallait se
cacher. J'étais dans la lettre de l'Évangile : « Que
votre main gauche ne sache pas ce que donne la
main droite. » Hélas! en voyant l'étendue et l'horreur de la misère, j'ai reconnu que la pitié était une
obligation si pressante, qu'il n'y avait aucune espèce
de mérite à en subir les tiraillements, et que d'ailleurs, dans une société si opposée à la loi du Christ,

garder le silence sur de telles plaies ne pouvait être
que lâcheté ou hypocrisie.

Voilà à quelles certitudes m'amenait le commencement de ma vie d'artiste, et ce n'était que le commencement! Mais à peine eus-je abordé ce problème
du malheur général que l'effroi me saisit jusqu'au
vertige. J'avais fait bien des réflexions, j'avais subi
bien des tristesses dans la solitude de Nohant, mais
j'avais été absorbée et comme engourdie par des
préoccupations personnelles. J'avais probablement
cédé au goût du siècle, qui était alors de s'enfermer
dans une douleur égoïste, de se croire René ou
Obermann, et de s'attribuer une sensibilité exceptionnelle, par conséquent des souffrances inconnues
au vulgaire. Le milieu dans lequel je m'étais isolée
alors était fait pour me persuader que tout le monde
ne pensait pas et ne souffrait pas à ma manière,
puisque je ne voyais autour de moi que préoccupations des intérêts matériels, aussitôt noyées dans la
satisfaction de ces mêmes intérêts.

Quand mon horizon se fut élargi, quand m'apparurent toutes les tristesses, tous les besoins, tous
les désespoirs, tous les vices du grand milieu social,
quand mes réflexions n'eurent plus pour objet ma
propre destinée, mais celle du monde où je n'étais
qu'un atome, ma désespérance personnelle s'étendit
à tous les êtres, et la loi de la fatalité se dressa
devant moi si terrible que ma raison en fut ébranlée.

Qu'on se figure une personne arrivée jusqu'à l'âge de trente ans sans avoir ouvert les yeux sur la réalité, et douée pourtant de très-bons yeux pour tout voir ; une personne austère et sérieuse au fond de l'âme, qui s'est laissé bercer et endormir si longtemps par des rêves poétiques, par une foi enthousiaste aux choses divines, par l'illusion d'un renoncement absolu à tous les intérêts de la vie générale, et qui, tout à coup frappée du spectacle étrange de cette vie générale, l'embrasse et le pénètre avec toute la lucidité que donne la force d'une jeunesse pure et d'une conscience saine !

Et ce moment où j'ouvrais les yeux était solennel dans l'histoire. La république rêvée en juillet aboutissait aux massacres de Varsovie et à l'holocauste du cloître Saint-Merry. Le choléra venait de décimer le monde. Le saint-simonisme, qui avait donné aux imaginations un moment d'élan, était frappé de persécution et avortait, sans avoir tranché la grande question de l'amour, et même, selon moi, après l'avoir un peu souillée. L'art aussi avait souillé, par des aberrations déplorables, le berceau de sa réforme romantique. Le temps était à l'épouvante et à l'ironie, à la consternation et à l'impudence, les uns pleurant sur la ruine de leurs généreuses illusions, les autres riant sur les premiers échelons d'un triomphe impur ; personne ne croyant plus à rien, les uns par découragement, les autres par athéisme.

Rien dans mes anciennes croyances ne s'était assez nettement formulé en moi, au point de vue social, pour m'aider à lutter contre ce cataclysme où s'inaugurait le règne de la matière, et je ne trouvais pas dans les idées républicaines et socialistes du moment une lumière suffisante pour combattre les ténèbres que Mammon soufflait ouvertement sur le monde. Je restais donc seule avec mon rêve de la Divinité toute-puissante, mais non plus tout amour, puisqu'elle abandonnait la race humaine à sa propre perversité ou à sa propre démence.

C'est sous le coup de cet abattement profond que j'écrivis *Lélia*, à bâtons rompus et sans projet d'en faire un ouvrage ni de le publier. Cependant quand j'eus lié ensemble, au hasard d'une donnée de roman, un assez grand nombre de fragments épars, je les lus à Sainte-Beuve, qui m'encouragea à continuer et qui conseilla à Buloz de m'en demander un chapitre pour la *Revue des Deux Mondes*. Malgré ce précédent, je n'étais pas encore décidée à faire de cette fantaisie un livre pour le public. Il portait trop le caractère du rêve, il était trop de l'école de *Corambé* pour être goûté par de nombreux lecteurs. Je ne me pressais donc pas, et j'éloignais de moi, à dessein, la préoccupation du public, éprouvant une sorte de soulagement triste à céder à l'imprévu de ma rêverie, et m'isolant même de la

réalité du monde actuel, pour tracer la synthèse du
doute et de la souffrance, à mesure qu'elle se présentait à moi sous une forme quelconque.

Ce manuscrit traîna un an sous ma plume, quitté
souvent avec dédain et souvent repris avec ardeur.
C'est, je crois, un livre qui n'a pas le sens commun
au point de vue de l'art, mais qui n'en a été que
plus remarqué par les artistes, comme une chose
d'inspiration spontanée dans le détail. J'ai écrit
deux préfaces à ce livre, et j'ai dit là tout ce que
j'avais à en dire. Je n'y reviendrai donc pas inuti-
lement. Le succès de la forme fut très-grand. Le
fond fut critiqué avec une amertume extrême. On
voulut voir des portraits dans tous les personnages,
des révélations personnelles dans toutes les situations ; on alla jusqu'à interpréter dans un sens
vicieux et obscène des passages écrits avec la plus
grande candeur, et je me souviens que, pour comprendre ce que l'on m'accusait d'avoir voulu dire,
je fus forcée de me faire expliquer des choses que
je ne savais pas.

Je ne fus pas très-sensible à ce déchaînement de
la critique et aux ignobles calomnies qu'il souleva.
Ce que l'on sait complétement faux n'inquiète guère.
On sent que cela tombera de soi-même dans les
bons esprits, si tant est que les bons esprits puissent se tromper sur l'intention et sur les tendances
d'un livre.

Je m'étonnai seulement, et maintenant encore je m'étonne des inimitiés personnelles que soulève l'émission des idées. Je n'ai jamais compris qu'on fût l'ennemi d'un artiste qui pense et crée dans un sens opposé à celui que l'on a ou que l'on aurait choisi. Que l'on discute et combatte le but de son œuvre, je le conçois ; mais que l'on altère, de propos délibéré, cette pensée pour la rendre condamnable ; que l'on dénature le texte même par de fausses citations ou des comptes rendus infidèles ; que l'on calomnie la vie de l'auteur pour injurier sa personne ; qu'on le haïsse à travers son livre : voilà encore une des énigmes de la vie que je n'ai pas résolues et que je ne résoudrai probablement jamais. Je vois bien le fait, je le vois dans tous les temps et à propos de toutes les idées ; mais je m'étonne que l'horreur de l'inquisition, généralement sentie aujourd'hui, n'ait pas suffi à guérir les hommes de cette rage de persécution réciproque, où il semble que la critique regrette parfois de n'avoir pas le bourreau à sa droite et le bûcher à sa gauche, en procédant à ses réquisitions.

Je vis ces fureurs avec tristesse, mais avec une certaine tranquillité. Je n'avais pas pour rien amassé dans la solitude un grand dédain pour tout ce qui n'était pas le vrai. Si j'eusse aimé et cherché le monde, je me serais tourmentée probablement de la calomnie qui pouvait momentanément m'en fer-

mer l'accès; mais, ne cherchant que l'amitié sérieuse et sachant que rien ne pouvait ébranler celles
qui m'entouraient, je ne m'aperçus réellement jamais des effets de la méchanceté, et ma tâche fut si
facile sous ce rapport que je ne saurais mettre la
persécution au nombre des malheurs de ma vie.

D'ailleurs, en toutes choses, les chagrins qui
n'ont eu leur effet que sur ma propre existence, je
les compte aujourd'hui pour rien. Ce n'est pas que
je les aie tous portés avec courage. Non! J'étais, je
suis peut être encore d'une sensibilité excessive et
que la raison ne gouverne pas du tout dans le moment de la crise. Mais j'apprécie les souffrances
morales comme je crois que la raison doit les apprécier sitôt qu'elle reprend son empire. Je vois dans
mon passé, comme dans celui de tous les êtres
aimants que j'ai connus, des déchirements terribles,
des déceptions accablantes, des heures d'agonie véritable; mais je fais la part de la personnalité, qui
est violente dans la jeunesse. C'est le propre de la
jeunesse de vouloir saisir et fixer le rêve du bonheur. Si elle y renonçait facilement, si elle ne le
poursuivait avec âpreté, si, au lendemain d'une
catastrophe, elle ne se relevait du désespoir avec
une assurance nouvelle, si elle ne vivait de chimères, de croyances ardentes, de dévouements en-
thousiastes, d'amers dédains, de chaudes indignations, en un mot de tous les abattements et de tous

les renouvellements de la volonté, elle ne serait pas
la jeunesse, et cette fatalité qui la pousse à découvrir le monde de son imagination et l'idéal de son
cœur à travers l'imminence des naufrages, c'est
presque un droit qu'elle exerce, puisque c'est une
loi qu'elle subit.

Mais tout cela, vu à distance, rentre dans le
monde des songes évanouis. Nul de nous ne regrette
d'être délivré de ses maux, et nul de nous cependant ne regrette de les avoir éprouvés. Tous, nous
savons qu'il faut vivre quand on est dans la force
des émotions, parce qu'il faut avoir vécu quand on
est dans la force de la réflexion. Il ne faut regretter
des épreuves de la vie que celles qui nous ont fait
un mal réel et durable.

Quel est ce mal? Je vais vous le dire. Toute douleur lente ou rapide qui nous ôte des forces et nous
laisse amoindris est une infortune véritable et dont
il n'est guère facile de se consoler jamais. Un vice,
un crime moral, une lâcheté, voilà de ces malheurs
qui vieillissent tout à coup et qui méritent la pitié
qu'on peut avoir envers soi-même et demander aux
autres. Il est, dans l'ordre moral, des maladies
analogues à celles de la vie physique, en ce qu'elles
nous laissent infirmes et à jamais brisés.

Votre corps est-il sans infirmités contractées avant
l'âge? Quelque souffreteux que vous puissiez être,
ne vous plaignez pas; vous vous portez aussi bien

qu'une créature humaine peut l'espérer. Ainsi de
votre âme. Vous sentez-vous en possession de l'exercice de vos facultés pour le vrai et pour le juste?
quelles que soient vos crises passagères de découragement ou d'excitation, ne reprochez pas à la destinée de vous avoir éprouvés trop rudement : vous
êtes aussi heureux que l'homme peut aspirer à l'être.

Cette philosophie me paraît bien facile à présent.
Se laisser souffrir, puisque la souffrance est inévitable, et ne pas la maudire quand elle s'apaise,
puisqu'elle ne nous a pas rendus pires : toute âme
honnête peut pratiquer cette humble sagesse pour
son compte.

Mais il est une douleur plus difficile à supporter
que toutes celles qui nous frappent à l'état d'individu. Elle a pris tant de place dans mes réflexions,
elle a eu tant d'empire sur ma vie, jusqu'à venir
empoisonner mes phases de pur bonheur personnel,
que je dois bien la dire aussi !

Cette douleur, c'est le mal général : c'est la souffrance de la race entière, c'est la vue, la connaissance, la méditation du destin de l'homme ici-bas.
On se fatigue vite de se contempler soi-même. Nous
sommes de petits êtres sitôt épuisés, et le roman de
chacun de nous est si vite repassé dans sa propre
mémoire ! A moins de se croire sublime, peut-on
n'examiner et ne contempler que son *moi?* D'ailleurs, qui est-ce qui se trouve sublime de bien bonne

foi? Le pauvre fou qui se prend pour le soleil et qui, de sa triste loge, crie aux passants : Prenez garde à l'éclat de mes rayons !

Nous n'arrivons à nous comprendre et à nous sentir vraiment nous-mêmes qu'en nous oubliant, pour ainsi dire, et en nous perdant dans la grande conscience de l'humanité. C'est alors qu'à côté de certaines joies et de certaines gloires dont le reflet nous grandit et nous transfigure, nous sommes saisis tout à coup d'un invincible effroi et de poignants remords en regardant les maux, les crimes, les folies, les injustices, les stupidités, les hontes de cette nation qui couvre le globe et qui s'appelle l'homme. Il n'y a pas d'orgueil, il n'y a pas d'égoïsme qui nous console quand nous nous absorbons dans cette idée !

Tu te diras en vain : « Je suis un être raisonnable parmi ces millions d'êtres qui ne le sont pas ; je ne souffre pas de ces maux que leur sottise leur attire. » Hélas ! tu n'en seras pas plus fier, puisque tu ne peux pas faire que tes semblables soient semblables à toi. Ton isolement t'épouvantera d'autant plus que tu te croiras meilleur et te sentiras plus heureux que les autres.

Ton innocence même, la conscience de ta douceur et de ta probité, la sérénité de ton propre cœur, ne te seront pas un refuge contre la tristesse profonde qui t'enveloppe, si tu te sens vivre dans un milieu

impur, sur une terre souillée, parmi des êtres sans
foi ni loi, qui se dévorent les uns les autres, et
chez qui le vice est bien autrement contagieux que
la vertu.

Tu as une heureuse famille, je suppose, d'ex-
cellents amis, un entourage de bonnes âmes comme
la tienne. Tu as réussi à fuir le contact de l'humanité malade. Hélas! pauvre homme de bien, tu n'en
es que plus seul!

Tu es doux, généreux, sensible: tu ne peux lire
l'histoire sans frémir à chaque page, et le sort des
victimes innombrables que le temps dévore t'arrache
de saintes larmes: hélas! pauvre bon cœur, à quoi
servent les pleurs de ta pitié? Elles mouillent la
page que tu lis, et ne font pas revivre un seul
homme immolé par la haine!

Tu es dévoué, actif, ardent; tu parles, tu écris,
tu agis de toutes tes forces sur les esprits qui veulent
bien t'écouter. On te jette des pierres et de la boue:
n'importe, tu es courageux, tu persévères! Hélas!
pauvre martyr, tu mourras à la peine, et ta dernière prière sera encore pour des hommes que
d'autres hommes font souffrir!

Eh bien, il n'est pas nécessaire d'être un saint
pour vivre ainsi de la vie des autres et pour sentir
que le mal général empoisonne et flétrit le bonheur
personnel. Tous, oui, tous, nous subissons cette
douleur commune à tous, et ceux qui semblent s'en

préoccuper le moins s'en préoccupent encore assez
pour en redouter le contre-coup sur l'édifice fragile
de leur sécurité. Cette préoccupation augmente de
jour en jour, d'heure en heure, à mesure que le
monde s'éclaire, se communique sa vie et se sent
vibrer d'un bout à l'autre comme une chaîne magnétique. Deux personnes ne se rencontrent pas,
trois hommes ne se trouvent pas réunis, sans que,
du chapitre des intérêts particuliers, on ne passe vite
à celui des intérêts généraux pour s'interroger, se
répondre et se passionner. Le paysan lui-même, ce
type d'insouciance et de dédain pour tout ce qui est
au delà de son champ, veut savoir aujourd'hui si,
de l'autre côté de sa colline, les êtres humains sont
plus tranquilles et plus satisfaits que lui.

C'est la loi de la vie ; mais, de toutes les lois de
la vie, c'est la plus cruelle ; et quand ce devient
une loi de la conscience, c'est le tourment du devoir
de tous aux prises avec l'impuissance de chacun.

Ceci n'est pas une récrimination politique. La
politique d'actualité, si intéressante qu'elle puisse
être, n'est jamais qu'un horizon. La loi de douleur
qui plane sur notre monde et le cri de plainte qui
s'en exhale partent des intimes convulsions de son
essence même, et nulle révolution actuellement
possible ne saurait ni l'étouffer ni en détruire les
causes profondes. Quand on s'abîme dans cette
recherche, on arrive à constater l'action du bien et

du mal dans l'humanité, à saisir le mécanisme des effets et des résistances, à savoir enfin *comment* s'opère cet éternel combat. Rien de plus ! Le *pourquoi*, c'est Dieu seul qui pourrait nous le dire, lui qui a fait l'homme si lentement progressif, et qui eût pu le faire plus intelligent et plus puissant pour le bien que pour le mal.

Devant cette question que l'âme peut adresser à la suprême sagesse, j'avoue que le terrible mutisme de la Divinité consterne l'entendement. Là, nous sentons notre volonté se briser contre la porte d'airain des impénétrables mystères; car nous ne pouvons pas admettre le souverain bien, type de toute lumière et de toute perfection, répondant à la terre suppliante et gémissante par la loi brutale de son bon plaisir.

Devenir athée et supposer une loi inintelligente présidant à la règle des destinées de l'univers, c'est admettre quelque chose de bien plus extraordinaire et de bien plus incroyable que de s'avouer, soi, raison bornée, dépassé par les motifs de la raison infinie. La foi triomphe donc de ses propres doutes; mais l'âme navrée sent les bornes de sa puissance se resserrer étroitement sur elle et enchaîner son dévouement dans un si petit espace, que l'orgueil s'en va pour jamais et que la tristesse demeure.

Voilà sous l'empire de quelles préoccupations secrètes j'avais écrit *Lélia*. Je n'en parlais à per-

sonne, sachant bien que personne autour de moi ne
pouvait me répondre, et chérissant peut-être aussi,
d'une certaine façon, le secret de ma rêverie. J'avais
toujours été, et j'ai été toujours ainsi, aimant à me
nourrir seule d'une idée lentement savourée, quelque
rongeuse et dévorante qu'elle puisse être. Le seul
égoïsme permis, c'est celui du découragement qui
ne veut se communiquer à personne et qui, en
s'épuisant dans la contemplation de ses propres
causes, finit par céder au besoin de vivre, à la
grâce intérieure peut-être !

Il est vrai qu'en me taisant ainsi devant mes
amis, j'exhalais, en publiant mon livre, une plainte
qui devait avoir un plus grand retentissement. Je n'y
songeai pas d'abord. Faisant bon marché de moi-
même et de ma propre douleur, je me dis que mon
livre serait peu lu et ferait plutôt rire à mes dépens,
comme un ramassis de songes creux, qu'il ne ferait
rêver aux durs problèmes du doute et de la croyance.
Quand je vis qu'il faisait soupirer aussi quelques
âmes inquiètes, je me persuadai et je me persuade
encore que l'effet de ces sortes de livres est plutôt
bon que mauvais, et que, dans un siècle matéria-
liste, ces ouvrages-là valent mieux que les *Contes
drôlatiques*, bien qu'ils amusent beaucoup moins la
masse des lecteurs.

A propos des *Contes drôlatiques*, qui parurent
vers la même époque, j'eus une assez vive discus-

sion avec Balzac, et comme il voulait m'en lire,
malgré moi, des fragments, je lui jetai presque son
livre au nez. Je me souviens que, comme je le
traitais de gros indécent, il me traita de prude et
sortit en me criant sur l'escalier : « Vous n'êtes
qu'une bête! » Mais nous n'en fûmes que meilleurs
amis, tant Balzac était véritablement naïf et bon.

Après quelques jours passés dans la forêt de Fon-
tainebleau, je désirai voir l'Italie, dont j'avais soif
comme tous les artistes et qui me satisfit dans un
sens opposé à celui que j'attendais. Je fus vite
fatiguée de voir des tableaux et des monuments. Le
froid m'y donna la fièvre, puis la chaleur m'écrasa
et le beau ciel finit par me lasser. Mais la solitude
se fit pour moi dans un coin de Venise, et m'eût
enchaînée là longtemps si j'avais eu mes enfants
avec moi. Je ne referai ici, qu'on se rassure, aucune
des descriptions que j'ai publiées soit dans les *Lettres
d'un voyageur*, soit dans divers romans dont j'ai
placé la scène en Italie, et à Venise particulièrement.
Je donnerai seulement sur moi-même quelques détails qui ont naturellement leur place dans ce récit.

CHAPITRE TROISIÈME

Sur le bateau à vapeur qui me conduisait de Lyon
à Avignon, je rencontrai un des écrivains les plus
remarquables de ce temps-ci, Beyle, dont le pseu-
donyme était Stendhal. Il était consul à Civita-
Vecchia et retournait à son poste, après un court
séjour à Paris. Il était brillant d'esprit et sa conversation rappelait celle de Delatouche, avec moins
de délicatesse et de grâce, mais avec plus de profondeur. Au premier coup d'œil, c'était un peu aussi
le même homme, gras et d'une physionomie très-
fine sous un masque empâté. Mais Delatouche était

embelli, à l'occasion, par sa mélancolie soudaine,
et Beyle restait satirique et railleur à quelque moment qu'on le regardât. Je causai avec lui une partie
de la journée et le trouvai fort aimable. Il se moqua
de mes illusions sur l'Italie, assurant que j'en aurais
vite assez, et que les artistes à la recherche du beau
en ce pays étaient de véritables badauds. Je ne le
crus guère, voyant qu'il était las de son exil et y
retournait à contre-cœur. Il railla, d'une manière
très-amusante, le type italien, qu'il ne pouvait
souffrir et envers lequel il était fort injuste. Il me
prédit surtout une souffrance que je ne devais nullement éprouver, la privation de causerie agréable
et de tout ce qui, selon lui, faisait la vie intellectuelle, les livres, les journaux, les nouvelles, l'actualité, en un mot. Je compris bien ce qui devait
manquer à un esprit si charmant, si original et si
poseur, loin des relations qui pouvaient l'apprécier
et l'exciter. Il posait surtout le dédain de toute
vanité et cherchait à découvrir dans chaque inter-
locuteur quelque prétention à rabattre sous le feu
roulant de sa moquerie. Mais je ne crois pas qu'il
fût méchant : il se donnait trop de peine pour le
paraître.

Tout ce qu'il me prédit d'ennui et de vide intellectuel en Italie m'alléchait au lieu de m'effrayer,
puisque j'allais là, comme partout, pour fuir le
bel esprit dont il me croyait friande.

Nous soupâmes avec quelques autres voyageurs
de choix, dans une mauvaise auberge de village,
le pilote du bateau à vapeur n'osant franchir le pont
Saint-Esprit avant le jour. Il fut là d'une gaieté
folle, se grisa raisonnablement, et, dansant autour
de la table avec ses grosses bottes fourrées, devint
quelque peu grotesque et pas du tout joli.

A Avignon, il nous mena voir la grande église,
très-bien située, où, dans un coin, un vieux christ
en bois peint, de grandeur naturelle et vraiment
hideux, fut pour lui matière aux plus incroyables
apostrophes. Il avait en horreur ces repoussants si-
mulacres dont les Méridionaux chérissaient, selon
lui, la laideur barbare et la nudité cynique. Il avait
envie de s'attaquer à coups de poing à cette image.

Pour moi, je ne vis pas avec regret Beyle prendre
le chemin de terre pour gagner Gênes. Il craignait
la mer, et mon but était d'arriver vite à Rome.
Nous nous séparâmes donc après quelques jours de
liaison enjouée ; mais, comme le fond de son esprit
trahissait le goût, l'habitude ou le rêve de l'obscé-
nité, je confesse que j'avais assez de lui, et que s'il
eût pris la mer, j'aurais peut-être pris la montagne.
C'était, du reste, un homme éminent, d'une saga-
cité plus ingénieuse que juste en toutes choses appréciées par lui, d'un talent original et véritable,
écrivant mal, et disant pourtant de manière à frapper et à intéresser vivement ses lecteurs.

La fièvre me prit à Gênes, circonstance que j'attribuai au froid rigoureux du trajet sur le Rhône, mais qui en était indépendante, puisque, dans la suite, je retrouvai cette fièvre à Gênes par le beau temps et sans autre cause que l'air de l'Italie, dont l'acclimatation m'est difficile.

Je poursuivis mon voyage quand même, ne souffrant pas, mais peu à peu si abrutie par les frissons, les défaillances et la somnolence, que je vis Pise et le Campo-Santo avec une grande apathie. Il me devint même indifférent de suivre une direction ou une autre ; Rome et Venise furent jouées à pile ou face. *Venise face* retomba dix fois sur le plancher. J'y voulus voir une destinée, et je partis pour Venise par Florence.

Nouvel accès de fièvre à Florence. Je vis toutes les belles choses qu'il fallait voir, et je les vis à travers une sorte de rêve qui me les faisait paraître un peu fantastiques. Il faisait un temps superbe, mais j'étais glacée, et, en regardant le *Persée* de Cellini et la Chapelle carrée de Michel-Ange, il me semblait, par moments, que j'étais statue moi-même. La nuit, je rêvais que je devenais mosaïque, et je comptais attentivement mes petits carrés de lapis et de jaspe.

Je traversai l'Apennin par une nuit de janvier froide et claire, dans la calèche assez confortable qui, accompagnée de deux gendarmes en habit jaune-serin, faisait le service de courrier. Je n'ai jamais

vu de route plus déserte et de gendarmes moins
utiles, car ils étaient toujours à une lieue en avant
ou en arrière de nous, et paraissaient ne pas se sou-
cier du tout de servir de point de mire aux brigands.
Mais, en dépit des alarmes du courrier, nous ne
fîmes d'autre rencontre que celle d'un petit volcan
que je pris pour une lanterne allumée auprès de la
route, et que cet homme appelait avec emphase *il
monte fuoco*.

Je ne pus rien voir à Ferrare et à Bologne : j'étais
complétement abattue. Je m'éveillai un peu au
passage du Pô, dont l'étendue, à travers de vastes
plaines sablonneuses, a un grand caractère de tristesse et de désolation. Puis je me rendormis jusqu'à
Venise, très-peu étonnée de me sentir glisser en
gondole, et regardant, comme dans un mirage, les
lumières de la place Saint-Marc se refléter dans l'eau,
et les grandes découpures de l'architecture byzantine
se détacher sur la lune, immense à son lever, fantastique elle-même à ce moment-là plus que tout
le reste.

Venise était bien la ville de mes rêves, et tout ce
que je m'en étais figuré se trouva encore au-dessous
de ce qu'elle m'apparut, et le matin et le soir, et
par le calme des beaux jours et par le sombre reflet
des orages. J'aimai cette ville pour elle-même, et
c'est la seule au monde que je puisse aimer ainsi,
car une ville m'a toujours fait l'effet d'une prison

que je supporte à cause de mes compagnons de
captivité. A Venise on vivrait longtemps seul, et
l'on comprend qu'au temps de sa splendeur et de
sa liberté, ses enfants l'aient presque personnifiée
dans leur amour et l'aient chérie non pas comme
une chose, mais comme un être.

A ma fièvre succéda un grand malaise et d'atroces
douleurs de tête que je ne connaissais pas, et qui
se sont installées depuis lors dans mon cerveau en
migraines fréquentes et souvent insupportables. Je
ne comptais rester dans cette ville que peu de jours
et en Italie que peu de semaines, mais des événements imprévus m'y retinrent davantage.

Alfred de Musset subit bien plus gravement que
moi l'effet de l'air de Venise, qui foudroie beaucoup
d'étrangers, on ne le sait pas assez [1]. Il fit une

[1] Géraldy, le chanteur, était à Venise à la même époque,
et fit, en même temps qu'Alfred de Musset, une maladie
non moins grave. Quant à Léopold Robert, qui s'y était fixé
et qui s'y brûla la cervelle peu de temps après mon départ,
je ne doute pas que l'atmosphère de Venise, trop excitante
pour certaines organisations, n'ait beaucoup contribué à développer le spleen tragique qui s'était emparé de lui. Pendant
quelque temps, je demeurai vis-à-vis de la maison qu'il
occupait, et je le voyais passer tous les jours sur une barque
qu'il ramait lui-même. Vêtu d'une blouse de velours noir et
coiffé d'une toque pareille, il rappelait les peintres de la
renaissance. Sa figure était pâle et triste, sa voix rêche et
stridente. Je désirais beaucoup voir son tableau des *Pêcheurs
chioggiotes* dont on parlait comme d'une merveille mysté-

maladie grave; une fièvre typhoïde le mit à deux
doigts de la mort. Ce ne fut pas seulement le respect
dû à un beau génie qui m'inspira pour lui une
grande sollicitude et qui me donna, à moi très-
malade aussi, des forces inattendues; c'était aussi
les côtés charmants de son caractère et les souffrances morales que de certaines luttes entre son
cœur et son imagination créaient sans cesse à cette
organisation de poëte. Je passai dix-sept jours à son
chevet sans prendre plus d'une heure de repos sur
vingt-quatre. Sa convalescence dura à peu près autant, et quand il fut parti, je me souviens que la
fatigue produisit sur moi un phénomène singulier.
Je l'avais accompagné de grand matin, en gondole,
jusqu'à Mestre, et je revenais chez moi par les petits
canaux de l'intérieur de la ville. Tous ces canaux
étroits, qui servent de rues, sont traversés de petits
ponts d'une seule arche pour le passage des piétons.
Ma vue était si usée par les veilles, que je voyais
tous les objets renversés, et particulièrement ces

rieuse, car il le cachait avec une sorte de jalousie colère et
bizarre J'aurais pu profiter de sa promenade, dont je connaissais les heures, pour me glisser dans son atelier; mais
on me dit que, s'il apprenait l'infidélité de son hôtesse, il en
deviendrait fou. Je me gardai bien de vouloir lui causer seulement un accès d'humeur; mais cela me conduisit à apprendre des personnes qui le voyaient à toute heure qu'il
était déjà considéré comme un maniaque des plus chagrins.

enfilades de ponts qui se présentaient devant moi
comme des arcs retournés sur leur base.

Mais le printemps arrivait, le printemps du nord
de l'Italie, le plus beau de l'univers peut-être. De
grandes promenades dans les Alpes tyroliennes et
ensuite dans l'archipel Vénitien, semé d'îlots charmants, me remirent bientôt en état d'écrire. Il le
fallait, mes petites finances étaient épuisées, et je
n'avais pas du tout de quoi retourner à Paris. Je
pris un petit logement plus que modeste dans l'intérieur de la ville. Là, seule toute l'après-midi, ne
sortant que le soir pour prendre l'air, travaillant
encore la nuit au chant des rossignols apprivoisés
qui peuplent tous les balcons de Venise, j'écrivis
André, *Jacques*, *Mattea* et les premières *Lettres d'un
voyageur*.

Je fis à Buloz divers envois qui devaient promp-
tement me mettre à même de payer ma dépense
courante (car je vivais en partie à crédit) et de retourner vers mes enfants, dont l'absence me tirail-
lait plus vivement le cœur de jour en jour. Mais
un guignon particulier me poursuivait dans cette
chère Venise; l'argent n'arrivait pas. Les semaines
se succédaient, et chaque jour mon existence devenait plus problématique. On vit à très-bon marché,
il est vrai, dans ce pays, si l'on veut se restreindre
à manger des sardines et des coquillages, nourriture
saine d'ailleurs, et que l'extrême chaleur rend suffi-

sante au peu d'appétit qu'elle vous permet d'avoir.
Mais le café est indispensable à Venise. Les étrangers y tombent malades principalement parce qu'ils
s'effrayent du régime nécessaire, qui consiste à
prendre du café noir au moins six fois par jour.
Cet excitant inoffensif pour les nerfs, indispensable
comme tonique tant que l'on vit dans l'atmosphère
débilitante des lagunes, reprend son danger dès
qu'on remet le pied en terre ferme.

Le café était donc un objet coûteux dont il fallut
commencer à restreindre la consommation. L'huile
de la lampe pour les longues veillées s'usait terrible-
ment vite. Je gardais encore la gondole de louage,
de sept à dix heures du soir, moyennant quinze
francs par mois ; mais c'était à la condition d'avoir
un gondolier si vieux et si écloppé, que je n'aurais
pas osé le renvoyer, dans la crainte qu'il ne mourût
de faim. Pourtant je faisais cette réflexion, que je
dînais pour six sous afin d'avoir de quoi le payer,
et qu'il trouvait, lui, le moyen d'être ivre tous les
soirs.

Ce pauvre père Catulle, dont j'ai parlé dans les
Lettres d'un voyageur, me rappelle une anecdote
caractéristique du régime autrichien à Venise.

Un soir que j'étais dans la gondole amarrée à un
coin d'abordage, attendant que mon vieux barca-
rolle me rapportât je ne sais quel objet que je l'avais
chargé de m'aller chercher, j'entendis que la *feltra,*

c'est-à-dire la couverture de la gondole, était arro-
sée par un passant que je supposai ivre ou distrait.
Les jalousies étant fermées, je n'avais rien à craindre de cette indécente aspersion, lorsque j'entendis
la voix enrouée de Catulle qui criait : « *Porco di*
Tedesco ! tu te permets de souiller ma gondole ! La
prends-tu pour une borne ? — Apprends, répondait
l'autre en mauvais italien, que je suis officier au
service de Sa Majesté Autrichienne, et que j'ai le
droit de faire pis sur ta gondole, si bon me semble.

— Mais il y a une dame dans ma gondole ! » cria
le gondolier.

Alors l'officier autrichien, qui n'était pas ivre du
tout, vint ouvrir la porte de la *feltra*, et me regardant : « La signora, dit-il, a eu la *gentilezza e la*
prudenza de se taire ; elle a bien fait. Pour toi, tu
iras demain en prison, et tu es bien heureux que je
ne te passe pas mon épée à travers le corps. »

Et le pauvre Catulle aurait été en prison en effet
si je n'eusse intercédé pour lui en disant qu'il était
gris, et en ayant l'air d'accepter comme un honneur
ce que l'Autrichien avait daigné laisser tomber sur
ma gondole.

Ces ignobles vexations étaient de tous les jours
et de tous les instants. A la moindre odeur de tabac
suspect, les employés de la douane montaient dans
les appartements et fouillaient dans les armoires,
dans les commodes ; heureux était-on quand ils ne

profitaient pas de l'occasion pour glisser un foulard
ou une paire de bas dans leur poche, comme je
l'avais vu pratiquer sur mon propre bagage et sans
trop de façons à la douane de Gênes et ailleurs.

Polichinelle était alors le seul vengeur de cette
population opprimée. A la faveur de l'idiome vénitien, que les Allemands nouveaux venus n'enten-
daient pas, il dégoisait contre eux les plus plaisantes
invectives; et quand une figure étrangère suspecte
venait grossir l'auditoire, les gamins du carrefour
avertissaient Polichinelle par un certain cri, afin
qu'il retînt sa langue. J'ai vu deux gros sbires hon-
grois, bernés pendant un quart d'heure sans s'en
douter, recevoir tout à coup des compliments adroitement ironiques à l'arrivée d'un troisième dont le
sourire indiquait qu'il entendait le vénitien.

Au reste, dans toutes les saynètes des marion-
nettes, un personnage stupide était invariablement
chargé du rôle de *Tedesco*. Son office était de venir
prendre une leçon d'italien de Polichinelle déguisé
en maître de langues, et se donnant pour académi-
cien *della Crusca*. L'Allemand s'évertuait à prononcer quelques mots en les écorchant, et chaque
fois il recevait de Polichinelle une volée de coups de
bâton, aux rires et aux trépignements de joie fré-
nétiques de l'auditoire.

Cette complicité de haines contre l'étranger avait
au moins le bon effet de rendre la population très-

unie et très-fraternelle, et nulle part je n'ai vu les
mœurs populaires aussi douces qu'à Venise. On
pouvait être bien certain d'apaiser subitement deux
portefaix prêts à se battre en leur disant qu'ils se
conduisaient comme des Allemands.

J'aurais donc aimé tout dans Venise, hommes et
choses, sans l'occupation autrichienne, qui était
odieuse et révoltante. Les Vénitiens sont bons, aimables, spirituels, et, sans leurs rapports avec les
Esclavons et les Juifs, qui ont envahi leur commerce, ils seraient aussi honnêtes que les Turcs,
qui sont là aimés et estimés comme ils le méritent.

Mais, malgré ma sympathie pour ce beau pays
et pour les habitants, malgré les douceurs d'une vie
favorable au travail par la mollesse même des habitudes environnantes, malgré les ravissantes découvertes que chaque pas au hasard vous fait faire
dans le plus pittoresque assemblage de décors féeri-
ques, de solitudes splendides et de recoins charmants, je m'impatientais et je m'effrayais de la
misère bien réelle où j'allais tomber et de l'impossibilité de partir, dont je ne voyais pas arriver le
terme. J'écrivais en vain à Paris, j'allais en vain
chaque jour à la poste; rien n'arrivait. J'avais envoyé des volumes; je ne savais pas seulement si on
les avait reçus. Personne à Venise ne connaissait
peut-être l'existence de la *Revue des Deux Mondes*.

Un jour que je n'avais plus rien, littéralement

rien, et qu'ayant dîné pour moins que rien, je me
prélassais encore dans ma gondole, jouissant de mon
reste, puisque la quinzaine était payée d'avance,
tout en réfléchissant à ma situation et en me demandant, avec une mortelle répugnance, si j'oserais la
confier à une seule des personnes, en bien petit
nombre, que je connaissais à Venise; une tranquillité singulière me vint tout à coup à l'idée saugre-
nue, mais nette et fixe, que j'allais rencontrer, le
jour même, à l'instant même, une personne de
mon pays qui, connaissant mon caractère et ma
position, me tirerait d'embarras sans m'en faire
éprouver aucun à lui emprunter le nécessaire. Dans
cette conviction non raisonnée, à coup sûr, mais
complète, j'ouvris la jalousie et me mis à regarder
attentivement toutes les figures des gondoles qui
croisaient la mienne sur le canal Saint-Marc. Je
n'en vis aucune de ma connaissance, mais l'idée
persistant, j'entrai au jardin public, cherchant les
groupes de promeneurs, et faisant attention, contre
ma coutume, à tous les visages, à toutes les voix.

Tout à coup, mes regards rencontrent ceux d'un
homme très-bon et très-honnête avec qui j'avais fait
connaissance autrefois aux eaux du mont Dore, et
qui, s'étant lié avec mon mari, était venu nous
voir plusieurs fois à Nohant. Il était riche, indé-
pendant. Il savait qui j'étais moi-même. Il accourut
à moi, très-surpris de me voir là. Je lui racontai

mon aventure, et sur-le-champ il m'ouvrit sa bourse
avec joie, assurant qu'au moment où il m'avait
aperçue, il était justement en train de penser à moi
et de se rappeler Nohant et le Berry, sans pouvoir
s'expliquer pourquoi ce souvenir se présentait si
nettement à lui, au milieu de préoccupations où
rien ne se rattachait à moi ni aux miens.

Fut-ce un effet du hasard ou de son imagination
après coup, en m'entendant lui raconter en riant
mon pressentiment, je n'en sais rien. Je raconte le
fait tel qu'il est.

Je refusai de lui prendre plus de deux cents francs.
Il s'en allait en Russie, et comme il devait s'arrêter
quelques jours à Vienne, je pensais, avec raison,
recevoir à temps de Paris de quoi le rembourser
avant qu'il allât plus loin, et de quoi m'en aller
moi-même en France.

Mon espérance fut réalisée. A peine avait-il quitté
Venise, qu'un employé de la poste, prié et sommé
de faire des recherches, découvrit, dans un casier
négligé, les lettres et les billets de banque de Bulez,
onbliés là depuis près de deux mois, soit par hasard,
soit à dessein, en dépit de toutes les questions et de
toutes les instances.

Je mis ordre aussitôt à mes affaires : je fis mes
paquets, et je partis à la fin d'août par une chaleur
écrasante.

J'ai toujours eu horreur des diligences. Je préférai

prendre un voiturin, qui, voyageant à petites journées, me permettait de parcourir à pied tout le beau pays, et de me servir de sa protection dans mes haltes. Mon conducteur était un fort brave homme qui n'avait pas peur des brigands, et que pour cela je pris sur sa mine; car, à cette époque, c'était encore un des ennuis de l'Italie d'avoir à discuter avec les terreurs vraies ou fausses des voituriers et des aubergistes. Il fut convenu entre le *Carlone* et moi que nos étapes seraient invariablement fixées, quand même nous rencontrerions, comme cela m'était déjà arrivé, des bandes de paysans effarés nous criant de retourner sur nos pas. La police autrichienne était très-bien faite, et ces paniques ressemblaient beaucoup à des mystifications. Je ne voulais pas qu'elles servissent de prétexte à des journées de surplus dans le voyage. Le Carlone me promit en riant d'aller toujours devant lui, et de bien rosser les brigands s'il en rencontrait.

Ce sobriquet de Carlone était caractéristique. On appelle ainsi la statue colossale de *san Carlo Borromeo*, placée au bord du lac Majeur. On sait que la terminaison en *one* exprime la grandeur et la grosseur. Mon guide, étant Milanais et d'une stature proportionnée à son embonpoint, avait reçu cet honorable surnom.

J'avais toujours gardé au fond de ma malle un pantalon de toile, une casquette et une blouse bleue,

6.

en cas de besoin, dans la prévision de courses dans
les montagnes. Je pus donc dédommager mes jambes du long engourdissement des jours et des nuits
de griffonnage et des promenades en gondole, et je
fis une grande partie du voyage à pied. Je vis tous
les grands lacs, dont le plus beau est, à mon
sens, le lac de Garde ; je traversai le Simplon,
passant en une journée de la chaleur torride du
versant italien au froid glacial de la crête des Alpes,
et retrouvant, le soir, dans la vallée du Rhône,
une fraîcheur printanière. Je n'écris pas un voyage ;
je dirai donc seulement que celui-là fut pour moi
un perpétuel ravissement. J'eus un temps admirable jusqu'au passage de la *Tête Noire* entre Mar-
tigny et Chamounix. Là, un orage superbe me
donna le plus beau spectacle du monde. Mais le
mulet dont on m'avait persuadée de m'embarrasser
ne voulant plus ni avancer ni reculer, je lui jetai la
bride sur le cou, et, courant à l'aise sur les pentes
gazonneuses, j'arrivai à Chamounix avant la pluie,
dont les gros nuages venaient lourdement derrière
moi, faisant retentir les montagnes de roulements
formidables et sublimes.

Je ne fis que deux rencontres dans tout ce voyage.
La première fut celle d'Antonino, un petit perruquier que j'avais eu pour domestique à Venise, et
que, voyant un excellent sujet, dévoué et intelligent, j'avais donné à Alfred de Musset pour l'ac-

compagner à Paris. Il était convenu que, s'il ne lui
plaisait pas de le garder, je le reprendrais à mon
retour. Mais Antonino s'était senti pris de nostalgie,
et il revenait à pied, à travers les Alpes, quand,
me rencontrant face à face, habillée moins élégam-
ment, mais plus proprement que lui, reconnaissant
ma figure et non pas ma personne travestie, il
s'arrêta court, en s'écriant à la manière de son
pays : *Ah! par le sang de Diane!...*

Puis il vint me baiser la main, comme c'est la
coutume de tout serviteur et même des garçons
d'auberge en Italie, et je me mis à penser que, pour
un passant, c'eût été un spectacle assez bizarre que
celui de ce monsieur étriqué et râpé, ayant encore
un reste de gants et un bout de chaîne d'or, baisant
galamment la main d'un gamin en blouse, tous
deux blancs de poussière de la tête aux pieds.

Le pauvre Antonino était dans une détresse complète. Ayant voulu quitter Paris sans être congédié,
il n'avait pas dû prétendre au payement de son
voyage, et il revenait sans sou ni maille, traînant
la semelle, mais toujours perruquier dans ses habitudes, car il sentait la pommade d'une lieue ; et
toujours Vénitien, car il aimait mieux demander
l'aumône que de ne pas revoir sa chère cité.

Je m'amusai du récit de ses infortunes, car il
parlait le vrai italien assez purement et d'une façon
prétentieuse et divertissante, ne manquant jamais

de dire *Venezia la bella* dans ses aspirations pa-
triotiques, et se plaignant de la nation parisienne,
razza essentiellement *sofistica*, selon lui.

Je lui donnai de quoi adoucir la rigueur de son
voyage, et j'eus beaucoup de peine à le lui faire
accepter; car il ne comprenait pas que mon costume
et mon état de piéton fussent un caprice de ma part,
et il me disait : « Je vois bien que la mauvaise fortune a visité aussi la signora. »

Il accepta enfin avec des larmes et les témoignages d'une sensibilité à la fois prétentieuse et
naïve.

Ma seconde rencontre se divisa en deux parties.
Au passage du Simplon, trois Anglais gravissaient
devant moi la route escarpée. Le premier me regarda le dépasser sans trop souffler, et, s'arrêtant,
me dit d'un air émerveillé : « *Il est bien pénible !* »

Sur le mont Blanc, les trois mêmes Anglais des-
cendaient le sentier à pic comme je le gravissais.
Je reconnus très-bien le premier, qui passa en me
saluant d'un air de connaissance; mais celui qui
marchait derrière lui se contenta de me dire en sou-
pirant et d'un ton lugubre : « *Il est bien pénible !* »

Il est évident que, si j'avais rencontré ce trio une
troisième fois, celui qui ne m'avait pas encore parlé
m'aurait dit la même chose.

Avant de tourner tout à fait le dos à l'Italie, je
veux dire un mot des théâtres de Venise, bien que

ma position précaire m'ait permis de voir fort peu
de représentations. Madame Pasta chantait alors,
à la *Fenice*, avec Donzelli, un talent inférieur à
Rubini, mais sympathique et charmant, qui avait
été justement apprécié à Paris. Il y eut une première représentation d'un opéra de Mercadante, *la
Fausta*, où madame Pasta, remplissant un rôle dans
le genre de Phèdre, fut encore extrêmement belle.
Trahie par sa voix, elle chantait souvent faux d'un
bout à l'autre de son rôle; mais le public italien,
plus généreux que le nôtre, lui tenant compte des
moments où elle était véritablement sublime comme
tragédienne et comme cantatrice, l'applaudissait et
la rappelait avec transport. Quant à l'ovation du
compositeur, elle fut inouïe, et nos habitudes pari-
siennes n'en donnent aucune idée. Rappelé entre
chaque acte, le *maestro* était condamné à traverser
la scène en passant entre le rideau et la rampe
quinze et vingt fois de suite. Modeste, gauche et
naïf, le bon Mercadante subissait cette exécution
moitié riant, moitié tremblant, et traînant après
lui, comme pour se donner une contenance, la Pasta
qui riait de tout son cœur.

La Pasta était encore belle et jeune sur la scène.
Petite, grasse et trop courte de jambes, comme le
sont beaucoup d'Italiennes, dont le buste magnifique semble avoir été fait aux dépens du reste, elle
trouvait le moyen de paraître grande et d'une allure

dégagée, tant il y avait de noblesse dans ses attitudes et de science dans sa pantomime. Je fus bien
désappointée de la rencontrer le lendemain, debout
sur sa gondole et habillée avec la trop stricte économie qui était devenue sa préoccupation dominante. Cette belle tête de camée que j'avais vue de
près aux funérailles de Louis XVIII, si fine et si
veloutée, n'était plus que l'ombre d'elle-même. Sous
son vieux chapeau et son vieux manteau, on eût
pris la Pasta pour une ouvreuse de loges. Pourtant
elle fit un mouvement pour indiquer à son gondolier l'endroit où elle voulait aborder, et dans ce
geste la grande reine, sinon la divinité, reparut.

Je vis aussi à la Fenice un ballet fantastique de
splendeur comme décors et costumes, mais d'une
telle imbécillité comme art, que même dans celles
de nos villes de province où l'on attire le public en
annonçant sur l'affiche *une décoration tout en or,*
on n'eût pu le supporter. L'or ruisselait en effet sur
les palais et les habits ; mais tout cela faisait quelque
chose de bête et de laid au dernier point, et il me
parut évident que le Vénitien, toujours si passionné
et même si éclairé comme artiste dans son appréciation du passé, était tombé dans la barbarie quant
à celle des choses présentes.

Pourtant l'art dramatique me parut avoir encore
son expression nationale, dans le genre burlesque,
sur un théâtre où l'on jouait des parodies, des farces

classiques et des comédies de Gozzi en vénitien.
L'acteur chargé du *Zacometto* (le Gilles vénitien)
me parut, par sa justesse et sa sobriété, marcher
de pair avec Debureau, et comme il était souvent
acteur parlant et disait à merveille, il était peut-
être plus complet. J'ai oublié son nom. Les pièces
de Gozzi, portant sur les mœurs populaires locales,
étaient charmantes de gaieté et de naturel. Mais
ce théâtre, bien que propre et vaste, n'était suivi
que par le peuple, et aucun artiste n'était là pour
signaler le talent des artistes qui tenaient la
scène.

Je vis aussi, au jardin public, un théâtre de
jour en plein air, construit comme toutes les salles
de spectacle, sauf le plafond, qui n'existait pas, et
dont l'absence permettait au soleil d'inonder le
public et la scène. Ces décors peints et ces acteurs
fardés en plein jour étaient la chose la plus horrible
qu'on puisse imaginer. On jouait là des drames de
Kotzebue traduits en italien, et il y avait là, comme
partout, de pauvres diables qui sentaient et disaient
bien. Je crois que dans le comique il y en a plus
relativement dans ces troupes ambulantes et misé-
rables que dans celles de nos provinces. Les Ita-
liens ont, ou avaient du moins à cette époque, le
sens comique plus sobre, par conséquent plus fin,
et souvent plus chaste que nous. Cela est sensible
dans la nature du peuple, et le serait tout à fait

dans son art, si l'art pouvait se relever chez un
peuple tombé sous la domination étrangère.

Ce qui faisait, pour mon goût, le charme principal de Venise, et ce que je n'ai retrouvé nulle part
ailleurs, ce sont les mœurs de l'égalité. Ce pays de
l'aristocratie avait eu la science républicaine oligar-
chique de paraître nivelé par des lois somptuaires,
et les malheurs de la défaite ont fait ensuite une
réalité de cette apparence. La localité se prête d'ailleurs admirablement à cette fusion des classes dans
leurs occupations et dans leurs plaisirs, comme dans
leurs sentiments et dans leurs intérêts. L'absence
d'équipages et la rareté du sol font une population
homogène, qui se coudoie sur le pavé ou se presse
sur l'eau avec des égards indispensables à la sûreté
de chacun. Tous ces piétons et toutes ces barques
font des têtes dont l'une ne dépasse pas l'autre, où
tous les yeux se rencontrent, où toutes les bouches
se parlent, et cet échange de paresse et d'enjouement
qui fait là le fonds de la vie devient une sympathie
frémissante et communicative devant l'insolence
cruelle de l'étranger. Enfin la beauté du lieu, le bon
marché et les commodités de la vie, l'absence d'éti-
quette, la proximité des montagnes et de la mer, le
climat admirable, sauf un mois d'hiver et deux
mois d'été, la cordialité de relations que ma manière
de vivre me permettait de restreindre à deux ou trois
amis, tout m'eût attachée à Venise si mes enfants

eussent été avec moi, et j'y rêvais souvent d'acheter, un jour, un de ces vieux palais déserts que l'on vendait alors dix ou douze mille francs, pour revenir avec eux me fixer dans un coin habitable et vivre de travail et de poésie dans des ruines splendides. J'y ai bien repensé quand le brave et le bon Pépé a tenté de relever cette grande nationalité et de la disputer héroïquement à l'Autriche. Mais, malgré de sublimes efforts, elle est retombée sous le joug, et les républiques ne sont plus.

De Genève j'accourus d'un trait à Paris, affamée de revoir mes enfants. Je trouvai Maurice grandi et presque habitué au collège. Il avait des notes superbes : mais mon retour, qui était pour nous deux une si grande joie, devait bientôt ramener son aversion pour tout ce qui n'était pas la vie à nous deux. Je revenais trop tôt pour son éducation classique.

Ses vacances s'ouvraient. Nous partîmes ensemble pour rejoindre, à Nohant, Solange, qui y avait passé le temps de mon absence sous la garde d'une bonne dont j'étais sûre comme soins et surveillance, et dont je me croyais sûre comme caractère. Cette femme me paraissait dévouée et remplissait consciencieusement son office. Je trouvai mon gros enfant propre, frais, vigoureux, mais d'une soumission à sa bonne qui m'inquiéta, eu égard à son caractère d'enfant terrible. Cela me fit penser à mon enfance et à cette *Rose* qui, en m'adorant, me bri-

sait. J'observai sans rien dire, et je vis que les
verges jouaient un rôle dans cette éducation modèle. Je brûlai les verges et je pris l'enfant dans ma
chambre. Cette exécution mortifia cruellement l'orgueil de Julie (elle s'appelait Julie comme l'ancienne
femme de chambre de ma grand'mère). Elle devint
aigre et insolente, et je vis que, sous ses qualités
essentielles comme ménagère, elle cachait, comme
femme, une noirceur atroce. Elle se tourna vers
mon mari, qu'elle flagorna, et qui eut la faiblesse
d'écouter les calomnies odieuses et stupides qu'il lui
plut de débiter sur mon compte. Je la renvoyai sans
vouloir d'explication avec elle et en lui payant lar-
gement les services qu'elle m'avait rendus. Mais
elle partit avec la haine et la vengeance au cœur,
et M. Dudevant entretint avec elle une correspondance qui lui permit de la retrouver plus tard.

Je ne m'en inquiétai pas, et me fussé-je méfiée
de cette lâche aversion, il n'en eût été ni plus ni
moins. Je ne sais pas ménager ce que je méprise,
et je ne prévoyais pas d'ailleurs que mes tranquilles relations avec mon mari dussent aboutir à
des orages. Il y en avait eu rarement entre nous.
Il n'y en avait plus depuis que nous nous étions
faits indépendants l'un de l'autre. Tout le temps
que j'avais passé à Venise, M. Dudevant m'avait
écrit sur un ton de bonne amitié et de satisfaction
parfaite, me donnant des nouvelles des enfants, et

m'engageant même à voyager pour mon instruction
et pour ma santé. Ces lettres furent produites et
lues, dans la suite, par l'avocat général, l'avocat
de mon mari se plaignant des douleurs que son
client avait dévorées dans la solitude.

Ne prévoyant rien de sombre dans l'avenir, j'eus
un moment de véritable bonheur à me retrouver
à Nohant avec mes enfants et mes amis. Fleury
était marié avec Laure Decerfz, ma charmante amie
d'enfance, plus jeune que moi, mais déjà raisonnable quand j'étais encore un vrai diable. Duvernet
avait épousé Eugénie, que je connaissais peu, mais
qui vint à moi, comme un enfant tout cœur, me
demander de la tutoyer d'emblée, puisque je tutoyais
son mari. Madame Duteil, qui, plus jeune que moi
aussi, était déjà mon ancienne amie; Jules Néraud,
mon Malgache bien-aimé; Gustave Papet, un ca-
marade d'enfance, un ami ensuite; l'excellent Planet,
avec qui mon amitié datait seulement de 1830, mais
dont l'âme naïve et le tendre dévouement savaient
se révéler de prime abord; enfin, Duteil, l'un des
hommes les plus charmants qui aient existé, lorsqu'il
n'était qu'à moitié gris, et mon cher Rollinat, voilà
les cœurs qui s'étaient donnés à moi tout entiers. La
mort en a pris deux [1], les autres me sont restés fidèles.

---

[1] Hélas! au moment où je relis cette page, un troisième
est parti aussi. Mon cher Malgache ne recevra pas les fleurs
que je viens de cueillir pour lui sur l'Apennin.

Fleury, Planet (Duvernet, dans ses fréquents voyages à Paris), avaient été les hôtes de fondation de la mansarde du quai Saint-Michel et ensuite de celle du quai Malaquais. Parmi les huit ou dix personnes dont s'était composée cette vie intime et fraternelle, presque toutes rêvaient un avenir de liberté pour la France, sans se douter qu'elles joueraient un rôle plus ou moins actif dans les événements soit politiques, soit littéraires de la France. Il y avait même là un enfant, un bel enfant de douze à treize ans, mêlé à nous par le hasard, et comme adopté par nous tous. Intelligent, gracieux, sympathique et divertissant au possible, ce gamin, qui devait être un jour un des acteurs les plus aimés du public et que je devais retrouver pour lui confier des rôles, s'appelait Prosper Bressant.

Celui-là, je le perdis de vue en partant pour l'Italie, d'autres plus tard et peu à peu; mais le noyau berrichon que, les circonstances aidant, je devais retrouver toujours, je le retrouvais à Nohant en 1834, avec une joie nouvelle, après une absence de près d'une année.

Je fis, avec plusieurs d'entre eux, une promenade à Valançay, et, au retour, j'écrivis, sous l'émotion d'une vive causerie avec Rollinat, un petit article intitulé *le Prince,* qui fâcha beaucoup, m'a-t-on dit, M. de Talleyrand. Je ne le sus pas plutôt fâché, que j'eus regret d'avoir publié cette boutade. Ne le

connaissant pas, je n'avais senti aucune aigreur
personnelle contre lui. Il m'avait servi de type et
de prétexte pour un accès d'aversion contre les idées
et les moyens de cette école de fausse politique et
de honteuse diplomatie dont il était le représentant.
Mais, bien que cette vieillesse-là ne fût guère sacrée,
bien que cet homme à moitié dans la tombe appar-
tînt déjà à l'histoire, j'eus comme un repentir, fondé
ou non, de ne pas avoir mieux déguisé sa personnalité dans ma critique. Mes amis me dirent en vain
que j'avais usé d'un droit d'historien pour ainsi dire ;
je me dis, moi, intérieurement, que je n'étais pas
un historien, surtout pour les choses présentes ; que
ma vocation ne me commandait pas de m'attaquer
aux vivants, d'abord parce que je n'avais pas assez
de talent en ce genre pour faire une œuvre de démolition vraiment utile, ensuite parce que j'étais
femme, et qu'un sexe ne combattant pas contre
l'autre à armes égales, l'homme qui insulte une
femme commet une lâcheté gratuite, tandis que la
femme qui blesse un homme la première, ne pouvant lui en rendre raison, abuse de l'impunité.

Je ne détruisis pas mon petit ouvrage, parce que
ce qui est fait est fait, et que nous ne devons jamais
reprendre une pensée émise, qu'elle nous plaise ou
non. Mais je me promis de ne jamais m'occuper
des personnes quand je n'aurais pas plus de bien
que de mal à en dire, ou quand je n'y serais pas

contrainte par une attaque personnelle calom-
nieuse.

J'aurais bien eu, par moments, une certaine
verve pour la polémique. Je le sentais, à l'ardeur
de mon indignation contre le mensonge, et je fus
cent fois sollicitée de me mêler au combat journalier
de la politique. Je m'y refusai obstinément, même
dans les jours où certains de mes amis m'y pous-
saient comme à l'accomplissement d'un devoir. Si
on avait voulu faire avec moi un journal qui gé-
néralisât le combat de parti à parti, d'idée à idée,
je m'y fusse mise avec courage, et j'aurais probablement osé plus que bien d'autres. Mais restreindre
cette guerre aux proportions d'un duel de chaque
jour, faire le procès des individus, les traduire,
pour des faits de détail, à la barre de l'opinion, cela
était antipathique à ma nature et probablement
impossible à mon organisation. Je ne me fusse pas
soutenue vingt-quatre heures dans les conditions de
colère et de ressentiment sans lesquelles même les
justes sévérités ne peuvent s'accomplir. Il m'en a
coûté parfois de faire partie de la rédaction d'un
journal ou seulement d'une revue, où mon nom
semblait être l'acceptation d'une solidarité avec ces
exécutions politiques ou littéraires. Quelques-uns
m'ont dit que je manquais de caractère et que mes
sentiments étaient tièdes. Le premier point peut
être vrai, mais le second étant faux, je ne pense pas

que l'un soit la conséquence rigoureuse de l'autre.
Je me rappelle que bon nombre de ceux qui, en
1847, me reprochaient vivement mon apathie politique et me prêchaient l'*action* en fort beaux termes,
furent, en 1848, bien plus calmes et bien plus doux
que je ne l'avais jamais été.

Avant d'aborder l'année 1835, où, pour la première fois de ma vie, je me sentis gagnée par un vif
intérêt aux événements d'actualité, je parlerai de
quelques personnes avec lesquelles je commençais
ou devais commencer bientôt à être liée. Comme ces
personnes sont toujours restées étrangères au monde
politique, il me serait difficile d'y revenir quand
j'entrerai un peu dans ce monde-là, et, pour ne pas
interrompre alors mon sujet principal, je complé-
terai ici, en quelque sorte, l'histoire de mes relations avec elles, comme je l'ai déjà fait pour M. Delatouche.

CHAPITRE QUATRIÈME

Madame Dorval.

J'étais liée depuis un an avec madame Dorval, non pas sans lutte avec plusieurs de mes amis, qui avaient d'injustes préventions contre elle. J'aurais beaucoup sacrifié à l'opinion de mes amis les plus sérieux, et j'y sacrifiais souvent, lors même que je n'étais pas bien convaincue; mais pour cette femme, dont le cœur était au niveau de l'intelligence, je tins bon, et je fis bien.

Née sur les tréteaux de province, élevée dans le travail et la misère, Marie Dorval avait grandi à la fois souffreteuse et forte, jolie et fanée, gaie comme un enfant, triste et bonne comme un ange condamné à marcher sur les plus durs chemins de la vie. Sa mère était de ces natures exaltées qui excitent de trop bonne heure la sensibilité de leurs enfants. A la moindre faute de Marie, elle lui disait : « *Vous me tuez, vous me faites mourir de chagrin !* » Et la pauvre petite, prenant au sérieux ces reproches exagérés, passait des nuits entières dans les larmes, priant avec ardeur, et demandant à Dieu,

avec des repentirs et des remords navrants, de lui
rendre sa mère, qu'elle s'accusait d'avoir assassi-
née ; et le tout pour une robe déchirée ou un mouchoir perdu.

Ébranlée ainsi dès l'enfance, la vie d'émotions se
développa en elle, intense, inépuisable, et en quelque sorte nécessaire. Comme ces plantes délicates
et charmantes que l'on voit pousser, fleurir, mourir
et renaître sans cesse, fortement attachées au roc,
sous la foudre des cataractes, cette âme exquise,
toujours pliée sous le poids des violentes dou'eurs,
s'épanouissait au moindre rayon de soleil, et cherchait avec avidité le souffle de la vie autour d'elle,
quelque fugitif, quelque empoisonné parfois qu'il
pût être. Ennemie de toute prévoyance, elle trouvait dans la force de son imagination et dans l'ardeur de son âme les joies d'un jour, les illusions
d'une heure, que devaient suivre les étonnements
naïfs ou les regrets amers. Généreuse, elle oubliait
ou pardonnait ; et, se heurtant sans cesse à des chagrins renaissants, à des déceptions nouvelles, elle
vivait, elle aimait, elle souffrait toujours.

Tout était passion chez elle, la maternité, l'art,
l'amitié, le dévouement, l'indignation, l'aspiration
religieuse ; et comme elle ne savait et ne voulait
rien modérer, rien refouler, son existence était d'une
plénitude effrayante, d'une agitation au-dessus des
forces humaines.

Il est étrange que je me sois attachée longtemps
et toujours à cette nature poignante qui agissait sur
moi, non pas d'une manière funeste (Marie Dorval
aimait trop le beau et le grand pour ne pas vous y
rattacher, même dans ses heures de désespoir),
mais qui me communiquait ses abattements, sans
pouvoir me communiquer ses renouvellements sou-
dains et vraiment merveilleux. J'ai toujours cherché
les âmes sereines, ayant besoin de leur patience et
désirant l'appui de leur sagesse. Avec Marie Dorval
j'avais un rôle tout opposé, celui de la calmer et
de la persuader ; et ce rôle m'était bien difficile,
surtout à l'époque où, troublée et effrayée de la vie
jusqu'à la désespérance, je ne trouvais rien de con-
solant à lui dire qui ne fût démenti en moi par une
souffrance moins expansive, mais aussi profonde
que les siennes.

Et pourtant ce n'était pas par devoir seulement
que j'écoutais sans me lasser sa plainte passionnée
et incessante contre Dieu et les hommes. Ce n'était
pas seulement le dévouement de l'amitié qui m'en-
chaînait au spectacle de ses tortures; j'y trouvais
un charme étrange, et dans ma pitié il y avait un
respect profond pour ces trésors de douleur qui ne
s'épuisaient que pour se renouveler.

A très-peu d'exceptions près, je ne supporte pas
longtemps la société des femmes; non pas que je
les sente inférieures à moi par l'intelligence : j'en

consomme si peu dans le commerce habituel de la vie, que tout le monde en a plus que moi autour de moi ; mais la femme est, en général, un être nerveux et inquiet, qui me communique, en dépit de moi-même, son trouble éternel à propos de tout. Je commence par l'écouter à regret, et puis je me laisse prendre à un intérêt bien naturel, et je m'aperçois enfin que dans toutes les agitations puériles qu'on me raconte il n'y a pas de quoi fouetter un chat.

D'autres sont vaines sitôt qu'elles deviennent sérieuses, et celles qui ne sont pas artistes de profession arrivent souvent à un orgueil démesuré dès qu'elles sortent de la région des caquets et de la préoccupation exagérée des petites choses. C'est un résultat de l'éducation incomplète ; mais cette éducation le fût-elle moins, il resterait toujours à la femme une sorte d'excitation maladive qui tient à son organisation, et qui en fait le tourment quand, par exception, elle n'en fait pas le charme.

J'aime donc mieux les hommes que les femmes, et je le dis sans malice, bien sérieusement convaincue que les fins de la nature sont logiques et complètes, que la satisfaction des passions n'est qu'un côté restreint et accidentel de cet attrait d'un sexe pour l'autre, et qu'en dehors de toute relation physique, les âmes se cherchent toujours dans une sorte d'alliance intellectuelle et morale où chaque

sexe apporte ce qui est le complément de l'autre.
S'il en était autrement, les hommes fuiraient les
femmes, et réciproquement, quand l'âge des passions finit, tandis qu'au contraire le principal élé-
ment de la civilisation humaine est dans leurs rapports calmes et délicats.

Malgré cette disposition que je n'ai jamais voulu
nier, trouvant qu'à la nier il y avait hypocrisie mal
entendue et déraison complète ; malgré mon éloi-
gnement à écouter les confidences de femmes, qui
sont rarement vraies, et souvent insipides ; malgré
ma préférence pour la corde plus franche et plus
pleine que les hommes font vibrer dans mon esprit,
j'ai connu et je connais plusieurs femmes qui, vraiment femmes par la sensibilité et la grâce, m'ont
mis le cœur et le cerveau complétement à l'aise par
une candeur véritable et une placidité de caractère
non pas virile, mais, pour ainsi dire, angélique.

Telle n'était pourtant pas madame Dorval. C'était
le résumé de l'inquiétude féminine arrivée à sa plus
haute puissance. Mais c'en était aussi l'expression
la plus intéressante et la plus sincère. Ne dissimu-
lant rien d'elle-même, elle n'arrangeait et n'affectait
rien. Elle avait un abandon d'une rare éloquence ;
éloquence parfois sauvage, jamais triviale, toujours
chaste dans sa crudité et trahissant partout la recherche de l'idéal insaisissable, le rêve du bonheur
pur, le ciel sur la terre. Cette intelligence supé-

rieure, inouïe de science psychologique et riche
d'observations fines et profondes, passait du sévère
au plaisant avec une mobilité stupéfiante. Quand
elle racontait sa vie, c'est-à-dire son déboire de la
veille et sa croyance au lendemain, c'était au milieu
de larmes amères et de rires entraînants qui drama-
tisaient ou éclairaient son visage, sa pantomime,
tout son être, de lueurs tour à tour terribles et bril-
lantes. Tout le monde a connu à demi cette femme
impétueuse, car quiconque l'a vue aux prises avec
les fictions de l'art peut, jusqu'à un certain point,
se la représenter telle qu'elle était dans la réalité :
mais ce n'était là qu'un côté d'elle-même. On ne lui
a jamais fait, on n'aurait, je crois, jamais pu lui
faire le rôle où elle se fût manifestée et révélée tout
entière, avec sa verve sans fiel, sa tendresse immense, ses colères enfantines, son audace splendide,
sa poésie sans art, ses rugissements, ses sanglots,
et ses rires naïfs et sympathiques, soulagement mo-
mentané qu'elle semblait vouloir donner à l'émotion
de son auditeur accablé.

Parfois, cependant, c'était une gaieté désespérée ;
mais bientôt le rire vrai s'emparait d'elle et lui donnait de nouvelles puissances. C'était la balle élas-
tique qui touchait la terre pour rebondir sans cesse.
Ceux qui l'écoutaient une heure en étaient éblouis.
Ceux qui l'écoutaient des jours entiers la quittaient
brisés, mais attachés à cette destinée fatale par un

7.

invincible attrait, celui qui attire la souffrance vers
la souffrance et la tendresse du cœur vers l'abîme
des cœurs navrés.

Lorsque je la connus, elle était dans tout l'éclat
de son talent et de sa gloire. Elle jouait *Antony* et
Marion Delorme.

Avant de prendre la place qui lui était due, elle
avait passé par toutes les vicissitudes de la vie no-
made. Elle avait fait partie de troupes ambulantes
dont le directeur proposait *une partie de dominos
sur le théâtre à l'amateur le plus fort de la société,
pour égayer l'entr'acte*. Elle avait chanté dans les
chœurs de *Joseph*, grimpée sur une échelle et cou-
verte d'un parapluie pour quatre, la coulisse du
théâtre (c'était une ancienne église) étant tombée en
ruines, et les choristes étant obligés de se tenir là
sur une brèche masquée de toiles, par une pluie
battante. Le chœur avait été interrompu par l'excla-
mation d'un des coryphées criant à celui qui était
sur l'échelon au-dessus de lui : « Animal, tu me
crèves l'œil avec ton parapluie! à bas le parapluie! »

A quatorze ans, elle jouait *Fanchette* dans le
Mariage de Figaro, et je ne sais plus quel rôle
dans une autre pièce. Elle ne possédait au monde
qu'une robe, une petite robe blanche qui servait
pour les deux rôles. Seulement, pour donner à
Fanchette une *tournure espagnole*, elle cousait une
bande de calicot rouge au bas de sa jupe, et la dé-

cousait vite après la pièce, pour avoir l'air de mettre
un autre costume, quand les deux pièces étaient
jouées le même soir. Dans le jour, vêtue d'un étroit
fourreau d'enfant en tricot de laine, elle lavait et
repassait sa précieuse robe blanche.

Un jour qu'elle était ainsi vêtue et ainsi occupée,
un vieux riche de province vint lui offrir son cœur
et ses écus. Elle lui jeta son fer à repasser au visage,
et alla conter cette insulte à un petit garçon de
quinze ans qu'elle regardait comme son amoureux
et qui voulut tuer le séducteur.

Mariée jeune, elle chantait l'opéra-comique à
Nancy, je crois, lorsque sa petite fille eut la cuisse
cassée dans la coulisse par la chute d'un décor. Il
lui fallut courir de son enfant à la scène, et de la
scène à son enfant, sans interrompre la représentation.

Mère de trois enfants et chargée de sa vieille
mère infirme, elle travailla avec un courage infati-
gable pour les entourer de soins. Elle vint à Paris
tenter la fortune, et, pour elle, la fortune, c'était
l'ambition d'échapper à la misère. Mais, ayant en
horreur toute autre ressource que celle du travail,
elle végéta plusieurs années dans la fatigue et les
privations. Ce ne fut que par le rôle de la *Meunière*,
dans le mélodrame en vogue des *Deux Forçats*,
qu'elle commença à faire remarquer ses éminentes
qualités dramatiques.

Dès lors ses succès furent brillants et rapides.
Elle créa la femme du drame nouveau, l'héroïne
romantique au théâtre, et si elle dut sa gloire aux
maîtres dans cet art, ils lui durent, eux aussi, la
conquête d'un public qui voulait en voir et qui en
vit la personnification dans trois grands artistes,
Frédérick-Lemaître, madame Dorval et Bocage.

Madame Dorval créa, en outre, un type à part
dans le rôle de *Jeanne Vaubernier* (madame du
Barri). Il faut l'avoir vue dans ce rôle, où, exquise
de grâce et de charme dans la trivialité, elle résolut
une difficulté qui semblait insurmontable.

Mais il faut l'avoir vue dans *Marion Delorme*,
dans *Angelo*, dans *Chatterton*, dans *Antony*, et
plus tard dans le drame de *Marie-Jeanne*, pour
savoir quelle passion jalouse, quelle chasteté suave,
quelles entrailles de maternité étaient en elle à une
égale puissance.

Et pourtant elle avait à lutter contre des défauts
naturels. Sa voix était éraillée, sa prononciation
grasseyante, et son premier abord sans noblesse et
même sans grâce. Elle avait le débit de convention
maladroit et gêné, et, trop intelligente pour beaucoup de rôles qu'elle eut à jouer, elle disait souvent :
« Je ne sais aucun moyen de dire juste des choses
fausses. Il y a au théâtre des locutions convenues
qui ne pourront jamais sortir de ma bouche que de
travers, parce qu'elles n'en sont jamais sorties dans

la réalité. Je n'ai jamais dit dans un moment de surprise : *Que vois-je?* et dans un mouvement d'hésitation : *Où m'égaré-je?* Eh bien ! j'ai souvent des tirades entières dont je ne trouve pas un seul mot possible et que je voudrais improviser d'un bout à l'autre, si on me laissait faire. »

Mais il y avait toute une entrée en matière dans les premières scènes de ses rôles, où, quelques vrais et bien écrits qu'ils fussent, ses défauts ressortaient plus que ses qualités. Ceux qui la connaissaient ne s'en inquiétaient pas, sachant que le premier éclair qui jaillirait d'elle amènerait l'embrasement du public. Ses ennemis (tous les grands artistes en ont beaucoup et de très-acharnés) se frottaient les mains au début, et les gens sans prévention qui la voyaient pour la première fois s'étonnaient qu'on la leur eût tant vantée ; mais, dès que le mouvement se faisait dans le rôle, la grâce souple et abandonnée se faisait dans la personne ; dès que le trouble arrivait dans la situation, l'émotion de l'actrice creusait cette situation jusqu'à l'épouvante, et quand la passion, la terreur ou le désespoir éclataient, les plus froids étaient entraînés, les plus hostiles étaient réduits au silence.

J'avais publié seulement *Indiana*, je crois, quand, poussée vers madame Dorval par une sympathie profonde, je lui écrivis pour lui demander de me recevoir. Je n'étais nullement célèbre, et je ne sais

même pas si elle avait entendu parler de mon livre.
Mais ma lettre la frappa par sa sincérité. Le jour
même où elle l'avait reçue, comme je parlais de
cette lettre à Jules Sandeau, la porte de ma mansarde s'ouvre brusquement, et une femme vient me
sauter au cou avec effusion, en criant tout essouf-
flée : « *Me voilà, moi !* »

Je ne l'avais jamais vue que sur les planches;
mais sa voix était si bien dans mes oreilles, que je
n'hésitai pas à la reconnaître. Elle était mieux que
jolie, elle était charmante; et cependant elle était
jolie, mais si charmante que cela était inutile. Ce
n'était pas une figure, c'était une physionomie, une
âme. Elle était encore mince, et sa taille était un
souple roseau qui semblait toujours balancé par
quelque souffle mystérieux, sensible pour lui seul.
Jules Sandeau la compara, ce jour-là, à la plume
brisée qui ornait son chapeau. « Je suis sûr, disait-
il, qu'on chercherait dans l'univers entier une plume
aussi légère et aussi molle que celle qu'elle a trouvée. Cette plume unique et merveilleuse a volé vers
elle par la loi des affinités, ou elle est tombée sur
elle de l'aile de quelque fée en voyage. »

Je demandai à madame Dorval comment ma
lettre l'avait convaincue et amenée si vite. Elle me
dit que cette déclaration d'amitié et de sympathie
lui avait rappelé celle qu'elle avait écrite à mademoiselle Mars après l'avoir vue jouer pour la première

fois : « J'étais si naïve et si sincère ! ajouta-t-elle.
J'étais persuadée qu'on ne vaut et qu'on ne devient
quelque chose soi-même que par l'enthousiasme
que le talent des autres nous inspire. Je me suis
souvenue, en lisant votre lettre, qu'en écrivant la
mienne je m'étais sentie véritablement artiste pour
la première fois, et que mon enthousiasme était une
révélation. Je me suis dit que vous étiez ou seriez
artiste aussi : et puis, je me suis rappelée encore
que mademoiselle Mars, au lieu de me comprendre
et de m'appeler, avait été froide et hautaine avec
moi; je n'ai pas voulu faire comme mademoiselle
Mars. »

Elle nous invita à dîner pour le dimanche suivant; car elle jouait tous les soirs de la semaine,
et passait le jour du repos au milieu de sa famille.
Elle était mariée avec M. Merle, écrivain distingué,
qui avait fait des vaudevilles charmants, le *Ci-devant*
Jeune Homme entre autres, et qui, presque jusqu'à
ses derniers jours, a fait le feuilleton de théâtre de
la *Quotidienne* avec esprit, avec goût, et presque
toujours avec impartialité. M. Merle avait un fils;
les trois filles de madame Dorval et quelques vieux
amis composaient la réunion intime, où les jeux et
les rires des enfants avaient naturellement le dessus.

On ne sait pas assez combien est touchante la
vie des artistes de théâtre quand ils ont une vraie
famille et qu'ils la prennent au sérieux. Je crois

qu'aujourd'hui le plus grand nombre est dans les
conditions du devoir ou du bonheur domestique,
et qu'il serait bien temps d'en finir absolument avec
les préjugés du passé. Les hommes ont plus de
moralité dans cette classe que les femmes, et la
cause en est dans les séductions qui environnent la
jeunesse et la beauté, séductions dont les consé-
quences, agréables seulement pour l'homme, sont
presque toujours funestes pour la femme. Mais quand
même les actrices ne sont pas dans une position
régulière selon les lois civiles, quand même, je dirai
plus, elles sont livrées à leurs plus mauvaises passions, elles sont presque toutes des mères d'une
tendresse ineffable et d'un courage héroïque. Les
enfants de celles-ci sont même généralement plus
heureux que ceux de certaines femmes du monde;
ces dernières, ne pouvant et ne voulant pas avouer
leurs fautes, cachent et éloignent les fruits de leur
amour, et quand, à la faveur du mariage, elles les
glissent dans la famille, le moindre doute fait peser
la rigueur et l'aversion sur la tête de ces malheureux
enfants.

Chez les actrices, faute avouée est réparée.
L'opinion de ce monde-là ne flétrit que celles qui
abandonnent ou méconnaissent leur progéniture.
Que le monde officiel condamne si bon lui semble,
les pauvres petits ne se plaindront pas d'être ac-
cueillis chez eux par une opinion plus tolérante.

Là, vieux et jeunes parents, et même époux légitimes venus après coup, les adoptent sans discussion vaine et les entourent de soins et de caresses. Bâtards ou non, ils sont tous fils de famille, et quand leur mère a du talent, les voilà dé suite ennoblis et traités dans leur petit monde comme de petits princes.

Nulle part les liens du sang ne sont plus étroitement serrés que chez les artistes de théâtre. Quand la mère est forcée de travailler aux répétitions cinq heures par jour, et à la représentation cinq heures par soirée; quand elle a à peine le temps de manger et de s'habiller, les courts moments où elle peut caresser et adorer ses enfants sont des moments d'ivresse passionnée, et les jours de repos sont de vrais jours de fête. Comme elle les emporte alors à la campagne avec transport ! comme elle se fait enfant avec eux, et comme, en dépit des égarements qu'elle peut avoir subis ailleurs, elle redevient pure dans ses pensées et un moment sanctifiée par le contact de ces âmes innocentes !

Aussi, celles qui vivent dans des habitudes de vertu (et il y en a plus qu'on ne pense) sont-elles dignes d'une vénération particulière; car, en général, elles ont une rude charge à porter, quelquefois, père, mère, vieilles tantes, sœurs trop jeunes, ou mères aussi, sans courage et sans talent. Cet entourage est nécessaire souvent pour surveiller et soigner

les enfants de l'artiste qu'elle ne peut élever elle-
même d'une manière suivie, et qui lui sont un éternel sujet d'inquiétude; mais souvent aussi cet entourage use et abuse, ou il se querelle, et, au sortir
des enivrements de la fiction, il faut venir mettre
la paix dans cette réalité troublée.

Pourtant l'artiste, loin de répudier sa famille,
l'appelle et la resserre autour de lui. Il tolère, il
pardonne, il soutient, il nourrit les uns et élève les
autres. Quelque sage qu'il soit, ses appointements
ne suffisent qu'à la condition d'un travail terrible,
car l'artiste ne peut vivre avec la parcimonie que le
petit commerçant et l'humble bourgeois savent mettre dans leur existence. L'artiste a des besoins d'é-
légance et de salubrité dont le citadin sordide ne
recule pas à priver ses enfants et lui-même. Il a le
sentiment du beau, par conséquent la soif d'une
vraie vie. Il lui faut un rayon de soleil, un souffle
d'air pur, qui, si mesuré qu'il soit, devient chaque
jour d'un prix plus exorbitant dans les villes popu-
leuses.

Et puis, l'artiste sent vivement les besoins de l'intelligence. Il ne vit, il ne grandit que par là. Son
but n'est pas d'amasser une petite rente pour doter
ses enfants; il faut que ses enfants soient élevés en
artistes pour le devenir à leur tour. On veut pour
les siens ce que l'on possède soi-même, et parfois
on le veut d'autant plus qu'on en a été privé et

qu'on s'est miraculeusement formé à la vie intellectuelle par des prodiges de volonté. On sait ce
qu'on a souffert et comme on a risqué d'échouer;
on veut épargner à ses enfants ces dangers et ces
épreuves. Ils seront donc élevés et instruits comme
les enfants du riche; et cependant on est pauvre :
la moyenne des appointements des artistes un peu
distingués de Paris est de cinq mille francs par an.
Pour arriver à huit ou dix mille, il faut déjà avoir
un talent très-sérieux, ou, ce qui est plus rare et
plus difficile à atteindre (car il y a des centaines
de talents ignorés ou méconnus), il faut avoir un
succès notable.

L'artiste n'arrive donc à résoudre le dur problème qu'à travers des peines infinies, et toutes ces
questions d'amour-propre excessif et de jalousie
puérile qu'on lui reproche de prendre trop au sérieux cachent souvent des abîmes d'effroi ou de
douleur, des questions de vie et de mort.

Ce dernier point était bien réel chez madame
Dorval. Elle gagnait tout au plus quinze mille
francs en ne se reposant jamais, et vivant de la
manière la plus simple, sachant faire sa demeure
et ses habitudes élégantes sans luxe, à force de goût
et d'adresse; mais grande, généreuse, payant souvent des dettes qui n'étaient pas les siennes, ne
sachant pas repousser les parasites qui n'avaient de
droit chez elle que par la persistance de l'habitude,

elle était sans cesse aux expédients, et je lui ai vu
vendre, pour habiller ses filles ou pour sauver de
lâches amis, jusqu'aux petits bijoux qu'elle aimait
comme des souvenirs et qu'elle baisait comme des
reliques.

Récompensée souvent par la plus noire ingrati-
tude, par des reproches qui étaient de véritables
blasphèmes dans certaines bouches, elle se consolait dans l'espoir du bonheur de ses filles : mais
l'une d'elles brisa son cœur.

Gabrielle avait seize ans; elle était d'une idéale
beauté. Je ne la vis pas trois fois sans m'apercevoir
qu'elle était jalouse de sa mère et qu'elle ne songeait
qu'à secouer son autorité. Madame Dorval ne voulait pas entendre parler de théâtre pour ses filles.
« *Je sais trop ce que c'est!* » disait-elle; et dans ce
cri il y avait toutes les terreurs et toutes les tendresses de la mère.

Gabrielle ne se gêna pas pour me dire que sa
mère redoutait sur la scène le voisinage de sa jeunesse et de sa beauté. Je l'en repris, et elle me té-
moigna très-naïvement sa colère et son aversion
pour quiconque donnait raison contre elle à sa mère.
Je fus surprise de voir tant d'amertume cachée sous
cette figure d'ange, pour laquelle je m'étais sentie
prévenue, et qui, en me donnant sa confiance,
s'était imaginé apparemment que j'abonderais dans
son sens.

Peu de temps après, Gabrielle s'éprit d'un homme de lettres de quelque talent, F***, qui faisait de petits articles dans la *Revue des Deux Mondes*, sous le nom de lord Feeling. Mais ce talent était d'une mince portée et d'un emploi à peu près nul, commercialement parlant. F*** ne possédait rien, et, de plus, il était phthisique.

Madame Dorval voulut l'éloigner. Gabrielle, irritée, l'accusa de vouloir le lui enlever. « Ah ! s'écriait la pauvre mère blessée et consternée, voilà l'exécrable rengaine des filles jalouses ! On veut les empêcher de courir à leur perte, on a le cœur brisé d'être forcé de briser le leur, et pour vous consoler elles vous accusent d'être infâme, pas davantage ! »

Madame Dorval jugea nécessaire de mettre Gabrielle au couvent. Un beau matin, Gabrielle disparut, enlevée par F***.

F*** était un honnête homme, mais une âme sans énergie comme son organisation mortellement frappée, et un esprit sans ressources comme sa fortune. Après le scandale de cet enlèvement, madame Dorval ne pouvant lui refuser la main de Gabrielle, il n'avait d'autre parti à prendre que de venir demander et obtenir un double pardon. La courageuse mère eût donné asile à ce malade qui voulait être époux au bord de sa tombe, à cette fille abusée qui se posait en victime parce qu'on voulait l'empêcher de l'être.

F*** fit tout le contraire de ce que lui eussent conseillé la raison et la droiture. Il emmena Gabrielle en Espagne, comme s'il eût craint que sa mère ne mît des gendarmes après elle, et ils essayèrent de se marier sans son consentement; mais ils n'y réussirent pas et furent forcés de le demander dans des termes blessants. Le mariage consenti et conclu, ils demandèrent de l'argent. Madame Dorval donna tout ce qu'elle put donner. On trouva naturellement qu'elle n'en avait guère, et on lui en fit un crime. Les jeunes époux, au lieu de chercher à travailler à Paris, partirent pour l'Angleterre, mangeant ainsi d'un coup, en voyages et en déplacements, le peu qu'ils possédaient. Avaient-ils l'espoir de se créer des occupations à Londres? Cet espoir ne se réalisa pas. Gabrielle n'était pas artiste, bien qu'elle eût été élevée comme une héritière eût pu l'être, avec des maîtres d'art et les conseils de vrais artistes; mais la beauté ne suffit pas sans le courage et l'intelligence.

F*** n'était pas beaucoup mieux doué; c'était un bon jeune homme, d'une figure intéressante, capable de sentiments doux et tendres, mais très à court d'idées et trop délicat pour ne pas comprendre, s'il eût réfléchi, qu'enlever une jeune fille pauvre, sans avoir les moyens ni la force de lui créer une existence, est une faute dont on a mauvaise grâce à se draper. Il tomba dans le découragement, et la phthisie fit d'effrayants progrès. Ce mal est contagieux entre mari et femme. Gabrielle en fut envahie et y succomba en quelques semaines, en proie à la misère et au désespoir.

Le malheureux F*** revint mourir à Paris. Il reçut l'hospitalité, pendant quelques jours, à Saint-Gratien, chez le marquis de Custines, et là il eut la faiblesse de se plaindre de madame Dorval avec âcreté. Se faisant illusion sur lui-même, comme tous les phthisiques, il prétendait avoir été robuste et bien portant avant ce séjour à Londres, où les privations de sa femme et l'inquiétude de l'avenir l'avaient tué. Il se trompait complétement sur lui-même. Le premier mot que madame Dorval m'avait dit sur son compte avait été celui-ci : « Il a un peu de talent, très-peu de courage, et une santé perdue. » Il suffisait, en effet, de le voir pour remarquer sa toux sèche, sa maigreur extrême et le profond abattement de sa physionomie. La pauvre Gabrielle attribuait ces symptômes effrayants aux souffrances de la passion, et, innocente qu'elle était, ne se doutait pas que l'assouvissement de cette passion serait la mort pour tous deux.

Quant aux secours que madame Dorval eût dû leur envoyer, dans l'état de gêne très-dure et très-effrayante où elle vivait elle-même, harcelée (je l'ai vu) par des créanciers qui saisissaient ses appointements et menaçaient de saisir ses meubles, ces

secours eussent été un faible palliatif. En outre,
F*** avouait lui-même qu'il avait eu honte de lui
faire savoir à quelles extrémités il s'était vu réduit,
et cette honte se comprend de reste de la part d'un
homme qui n'a tenu compte des prévisions mater-
nelles et qui s'est fait fort d'être un soutien digne
de confiance. F*** s'était montré irrité surtout de
n'avoir pas inspiré cette confiance à madame Dorval.

Malgré ce remords intérieur, F***, brisé par la
perte de sa femme, aigri par sa propre souffrance,
et se débattant aux approches de l'agonie, s'épan-
chait en confidences amères. Que Dieu lui pardonne, mais elles furent coupables, ces plaintes de
sa faiblesse ! Bon nombre de personnes les écoutè-
rent et les accueillirent, coupables aussi de ne pas
savoir les réduire à néant par l'examen du fait et
par la plus simple réflexion sur ce fait même.

Les ennemis de madame Dorval s'emparèrent
avec joie du plus odieux et du plus absurde reproche qu'on pût inventer contre cette mère martyre,
à toute heure de sa vie, du déchirement de ses propres entrailles. Elle, une mauvaise mère, quand
son sentiment maternel tenait de la passion et parfois du délire ! quand elle est morte elle-même à la
peine ! Je raconte toute sa vie, et on verra tout à
l'heure comme elle savait aimer.

Un jour qu'on rapportait, bien à tort selon moi,
à madame Dorval les plaintes de sa fille et de F***,

au nombre desquelles celle-ci que Gabrielle avait
été par elle maltraitée et battue, elle devint sombre
et rêveuse; puis, sans écouter les questions indéli-
cates et cruelles qu'on lui adressait, elle s'écria :
« Ah, oui! mon Dieu, j'aurais dû la battre! Pardonnez-moi, mon Dieu, de n'avoir pas eu ce cou-
rage-là! »

Abreuvée de douleurs, la pauvre femme se releva
de ce nouveau coup par le travail, l'affection des
siens et de tendres soins pour sa plus jeune fille,
Caroline, une belle enfant blonde et calme, dont la
santé, longtemps ébranlée, lui avait causé de mor-
telles angoisses. Au lieu de la seconder et d'adopter
l'enfant malade, comme celui qui avait le besoin
et le droit d'être l'enfant gâté, les deux sœurs aînées
s'étaient amusées à en être jalouses.

Mais Caroline était bonne; elle chérissait sa mère :
elle méritait d'être heureuse, et elle le fut. Après
que sa sœur Louise fut mariée, elle se maria, à son
tour, avec René Luguet, un jeune acteur en qui
madame Dorval pressentit un talent vrai, une âme
généreuse, un caractère sûr.

Je vis cependant madame Dorval triste et abattue
pendant les premiers mois de cette nouvelle vie qui
se faisait autour d'elle. Elle était souvent malade.
Un jour je la trouvai, au fond de son appartement
de la rue du Bac, courbée et comme brisée sur un
métier à tapisserie. « Je suis cependant heureuse,

8.

me dit-elle en pleurant de grosses larmes. Eh bien,
je souffre, et je ne sais pas pourquoi. Les affections
ardentes m'ont usée avant l'âge. Je me sens vieille,
fatiguée, j'ai besoin de repos, je cherche le repos,
et voilà ce qui m'arrive : je ne sais pas me reposer. »
Puis elle entra dans le détail de sa vie intime. « J'ai
rompu violemment, me dit-elle, avec les souffrances
violentes. Je veux vivre du bonheur des autres,
faire ce que tu m'as dit, m'oublier moi-même. J'aurais voulu aussi me rattacher à mon art, l'aimer ;
mais cela m'est impossible. C'est un excitant qui me
ramène au besoin de l'excitation, et, ainsi excitée à
demi, je n'ai plus que le sentiment de la douleur,
les affreux souvenirs, et pour toute diversion au
passé les mille coups d'épingle de la réalité présente,
trop faibles pour emporter le mal, assez forts pour
y ajouter l'impatience et le malaise. Ah! si j'avais
des rentes ou si mes enfants n'avaient plus besoin
de moi, je me reposerais tout à fait ! »

Et comme je lui observais qu'elle se plaignait
justement de ne pas savoir devenir calme : « C'est
vrai, me dit-elle, l'ennui me dévore depuis que je
n'ai plus à m'inquiéter. Louise est mariée selon son
choix ; Caroline a un mari charmant, qu'elle adore.
M. Merle, toujours gai et satisfait, pourvu que
rien ne fasse un pli dans son bien-être, est, aujour-
d'hui comme toujours, le calme personnifié, aimable,
facile à vivre, charmant dans son égoïsme. Tout ne

va pas mal, sauf cet appartement que vous trouvez
si joli, mais qui est sombre et qui me fait l'effet
d'un tombeau. »

Et elle se remit à pleurer. « Tu me caches quelque
chose ? lui dis-je. — Non, vrai ! s'écria-t-elle. Tu
sais bien que j'ai au contraire le défaut de t'accabler
de mes peines, et que c'est à toi que je demande
toujours du courage. Mais est-ce que tu ne comprends pas l'ennui ? Un ennui sans cause, car si on
la savait, cette cause, on trouverait le remède.
Quand je me dis que c'est peut-être l'absence de
passions, je sens un tel effroi à l'idée de recom-
mencer ma vie, que j'aime encore mille fois mieux
la langueur où je suis tombée. Mais, dans cette
espèce de sommeil où me voilà, je rêve trop et je
rêve mal. Je voudrais voir le ciel ou l'enfer, croire
au Dieu et au Diable de mon enfance, me sentir
victorieuse d'un combat quelconque, et découvrir
un paradis, une récompense. Eh bien, je ne vois
rien qu'un nuage, un doute. Je m'efforce par moments de me sentir dévote. J'ai besoin de Dieu ;
mais je ne le comprends pas sous la forme que la
religion lui donne. Il me semble que l'Église est
aussi un théâtre, et qu'il y a là des hommes qui
jouent un rôle. Tiens, ajouta-t-elle en me montrant
une jolie réduction en marbre blanc de la *Madeleine*
de Canova, je passe des heures à regarder cette
femme qui pleure, et je me demande pourquoi elle

pleure, si c'est du repentir d'avoir vécu ou du
regret de ne plus vivre. Longtemps je ne l'ai étudiée
que comme un modèle de pose, à présent je l'inter-
roge comme une idée. Tantôt elle m'impatiente, et
je voudrais la pousser pour la forcer à se relever ;
tantôt elle m'épouvante, et j'ai peur d'être brisée
aussi sans retour.

» Je voudrais être toi, reprit-elle en réponse aux
réflexions que les siennes me suggéraient.

— Moi, je t'aime trop pour te souhaiter cela,
lui dis-je. Je ne m'ennuie pas, dans le sens que tu
dis, depuis aujourd'hui ni depuis hier, mais depuis
l'heure où je suis venue au monde.

— Oui, oui, je sais cela, s'écria-t-elle ; mais
c'est un fort ennui, ou un ennui fort, comme tu
voudras. Le mien est plus mou que douloureux,
il est écœurant. Tu creuses la raison de tes tristesses, et quand tu la tiens, voilà que ton parti est
pris. Tu te tires de tout en disant : « C'est comme
cela et ne peut être autrement. » Voilà, moi, comme
je voudrais pouvoir dire. Et puis, tu crois qu'il y a
une vérité, une justice, un bonheur quelque part ;
tu ne sais pas où, cela ne te fait rien. Tu crois
qu'il n'y a qu'à mourir pour entrer dans quelque
chose de mieux que la vie. Tout cela, je le sens
d'une manière vague ; mais je le désire plus que je
ne l'espère. »

Puis, s'interrompant tout à coup : « Qu'est-ce

que c'est qu'une abstraction? me dit-elle. Je lis ce mot-là dans toutes sortes de livres, et plus on me l'explique, moins je le comprends. »

Je ne lui eus pas répondu deux mots que je vis qu'elle comprenait mieux que moi, car elle s'imaginait que j'avais du génie, et c'est elle qui en avait.

« Eh bien, reprit-elle avec feu, une idée abstraite n'est rien pour moi. Je ne peux pas mettre mon cœur et mes entrailles dans mon cerveau. Si Dieu a le sens commun, il veut qu'en nous, comme en dehors de nous, chaque chose soit à sa place et y remplisse sa fonction. Je peux comprendre l'abstraction Dieu et contempler un instant l'idée de la perfection à travers une espèce de voile, mais cela ne dure pas assez pour me charmer. Je sens le besoin d'aimer, et que le diable m'emporte si je peux aimer une abstraction !

» Et puis, quoi? Ce Dieu-là, que vos philosophes et vos prêtres nous montrent les uns comme une idée, les autres sous la forme d'un Christ, qui me répondra qu'il soit ailleurs que dans vos imaginations? Qu'on me le montre, je veux le voir ! S'il m'aime un peu, qu'il me le dise et qu'il me console ! Je l'aimerai tant, moi ! Cette Madeleine, elle l'a vu, elle l'a touché, son beau rêve ! Elle a pleuré à ses pieds, elle les a essuyés de ses cheveux ! Où peut-on rencontrer encore une fois le divin Jésus? Si quelqu'un le sait, qu'il me le dise, j'y courrai. Le

beau mérite d'adorer un être parfait qui existe réellement ! Croit-on que, si je l'avais connu, j'aurais
été une pécheresse ? Est-ce que ce sont les sens qui
entraînent ? Non, c'est la soif de toute autre chose ;
c'est la rage de trouver l'amour vrai qui appelle et
fuit toujours. Que l'on nous envoie des saints, et
nous serons bien vite des saintes. Qu'on me donne
un souvenir comme celui que cette pleureuse em-
porta au désert, je vivrai au désert comme elle, je
pleurerai mon bien-aimé, et je ne m'ennuierai pas,
je t'en réponds ! »

Telle était cette âme troublée et toujours ardente,
dont je gâte probablement les effusions en tâchant
de les résumer et de les traduire. Car qui rendra le
feu de sa parole et l'animation de ses pensées ? Ceux
qui ont entendu et compris cette parole ne l'oublie-
ront jamais !

Cet abattement ne fut que passager. Bientôt
Caroline eut un fils, à qui sa mère donna le nom de
Georges ; et cet enfant devint la joie, l'amour suprême de Marie. Il fallait à ce cœur dévoué un être
à qui elle pût se donner tout entière, le jour et la
nuit, sans repos et sans restriction. « Mes enfants,
disait-elle, prétendent que je les ai moins aimés à
mesure qu'ils grandissaient. Cela n'est pas vrai ;
mais il est bien certain que je les ai aimés autrement. A mesure qu'ils avaient moins besoin de moi,
j'étais moins inquiète d'eux, et c'est cette inquiétude

qui fait la passion. Ma fille est heureuse ; je trou-
blerais son bonheur si j'avais l'air d'en douter. C'est
son mari maintenant qui est sa mère, c'est lui qui
la regarde dormir et qui s'inquiète si elle dort mal.
Moi, j'ai besoin d'oublier mon sommeil, mon repos,
ma vie pour quelqu'un. Il n'y a que les petits enfants qui soient dignes d'être choyés et couvés ainsi
à toute heure. Quand on aime, on devient la mère
d'un homme qui se laisse faire sans vous en savoir
gré, ou qui ne se laisse pas faire, dans la crainte
d'être ridicule. Ces chers innocents que nous ber-
çons et que nous réchauffons sur notre cœur ne sont
ni fiers ni ingrats, eux ! Ils ont besoin de nous, ils
usent de leur droit, qui est de nous rendre esclaves.
Nous sommes à eux comme ils sont à nous, tout
entiers. Nous souffrons tout d'eux et pour eux, et
comme nous ne leur demandons rien que de vivre
et d'être heureux, nous trouvons qu'ils font bien
assez pour nous quand ils daignent nous sourire.

» Tiens ! me disait-elle en me montrant ce bel
enfant, je demandais un saint, un ange, un Dieu
visible pour moi, Dieu me l'a envoyé. Voilà l'innocence, voilà la perfection, voilà la beauté de l'âme
dans celle du corps. Voilà celui que j'aime, que je
sers et que je prie. L'amour divin est dans une de
ses caresses, et je vois le ciel dans ses yeux bleus. »

Cette tendresse immense qui se réveillait en elle
plus vive que jamais donna un essor nouveau à son

génie. Elle créa le rôle de *Marie-Jeanne*, et y
trouva ces cris qui déchiraient l'âme, ces accents de
douleur et de passion qu'on n'entendra plus au
théâtre, parce qu'ils ne pouvaient partir que de ce
cœur-là et de cette organisation-là, parce que ces
cris et ces accents seraient sauvages et grotesques
venant de toute autre qu'elle, et qu'il fallait une
individualité comme la sienne pour les rendre ter-
rifiants et sublimes.

Mais ce fatal rôle et ce profond amour donnaient
le coup de la mort à madame Dorval. Elle fit une
affreuse maladie à la suite de ce grand succès, et
réchappa comme par miracle d'une perforation au
poumon. Elle s'était effrayée de l'idée de mourir.
Georges vivait, elle voulait vivre.

Elle joua *Agnès de Méranie* et fit ensuite un essai
fort curieux, qui fut de jouer la tragédie classique à
l'Odéon. Cela n'était ni dans son air ni dans sa
voix. Pourtant elle avait dit les vers de Ponsard
avec une si grande intelligence, elle avait été si
chaste et si sobre dans *Lucrèce*, que le public fut
curieux de lui entendre dire les vers de Racine. Elle
étudia *Phèdre* avec un soin infini, cherchant consciencieusement une interprétation nouvelle.

Au milieu de ces études, elle me parla d'elle-même
avec la modestie naïve qui n'appartient qu'au génie.
« Je n'ai pas, disait-elle, la prétention de trouver
mieux que n'a fait Rachel ; mais je peux trouver

autre chose. Le public ne s'attend pas à me la voir
imiter, je ne serais que sa parodie ; mais il doit s'intéresser à moi dans ce rôle, non pas à cause de
l'actrice, mais à cause de Racine. Il ne s'agit pas
de retrouver l'intention première du poëte : il n'y
a rien de puéril comme les recherches de la vraie
tradition. Il s'agit de faire valoir la beauté de la
pensée et le charme de la forme, en montrant
qu'elles se prêtent à toutes les natures et peuvent
être exprimées par les types les plus opposés. »

Elle fit, en effet, des prodiges d'intelligence et
de passion dans ce rôle. Pour quiconque n'eût pas
vu Rachel, elle eût marqué dans les annales du
théâtre par cette création que, du reste, Rachel ne
possédait pas à cette époque avec autant de perfection qu'aujourd'hui. Elle était trop jeune, et la
première jeunesse ne peut secouer les apparences de
la retenue et de la crainte, autant que la situation
de Phèdre le comporte. Le rôle est brûlant, madame Dorval y fut brûlante. Rachel y est brûlante
maintenant, et Rachel est complète, parce qu'elle a
encore la jeunesse, la beauté, la grâce idéale, qui
manquaient dès lors à madame Dorval. Rachel inspire l'amour, elle l'inspirait déjà, bien qu'elle ne
fût pas à l'apogée de son talent. Madame Dorval
ne l'inspirait plus, et il y a plus d'amoureux que
d'artistes dans un public quelconque. Mais tout ce
qu'il y eut d'artistes pour la voir dans ce rôle l'ap-

précia profondément et sentit des détails dont personne, pas même les grandes célébrités de l'empire, n'avaient peut-être révélé la portée.

En 1848, je vis madame Dorval très-effrayée et très-consternée de la révolution qui venait de s'accomplir. M. Merle, bien que modéré par caractère et tolérant dans ses opinions, appartenait au parti légitimiste, et madame Dorval s'imaginait qu'elle serait persécutée. Elle rêvait même d'échafauds et de proscriptions, son imagination active ne sachant pas faire les choses à demi.

Il n'y avait qu'un motif fondé à ses alarmes. Cette perturbation devait frapper et frappait déjà tous ceux qui vivent d'un travail approprié aux conditions de la forme politique que l'on remet en question. Les artisans et les artistes, tous ceux qui vivent au jour le jour, se trouvent momentanément paralysés dans de telles crises, et madame Dorval, ayant à lutter contre l'âge, la fatigue et son propre effroi, pouvait difficilement résister au passage de l'avalanche. J'étais dans une situation non moins précaire : la crise me surprenait endettée par suite du mariage de ma fille. D'un côté, on me menaçait d'une saisie sur mon mobilier; de l'autre, les prix du travail se trouvaient réduits de trois quarts, et encore le placement fut-il suspendu pendant quelques mois.

Mais j'étais à peu près insensible aux dangers de

cette situation. Les privations du moment ne sont rien, je n'en parle pas. La seule souffrance réelle de ces moments-là, c'est de ne pouvoir s'acquitter immédiatement envers ceux qui réclament leurs créances et de ne pouvoir assister ceux qui souffrent autour de soi. Mais quand on est soutenu par une croyance sociale, par un espoir impersonnel, les anxiétés personnelles, quelque sérieuses qu'elles soient, s'en trouvent amoindries.

Madame Dorval, qui eût très-bien compris et senti les idées générales, mais qui en repoussait vivement l'examen et la préoccupation, ayant assez à souffrir, disait-elle, pour son propre compte, ne voyait que désastres et ne rêvait que catastrophes sanglantes dans la révolution de février. Pauvre femme ! c'était le pressentiment de l'affreuse douleur qui allait frapper sa famille.

Au mois de juin 1848, après ces exécrables *journées* qui venaient de tuer la république en armant ses enfants les uns contre les autres, et en creusant entre les deux forces de la révolution, peuple et bourgeoisie, un abîme que vingt années ne suffiront peut-être pas à combler, j'étais à Nohant, très-menacée par les haines lâches et les imbéciles terreurs de la province. Je ne m'en souciais pas plus que de tout ce qui m'avait été personnel dans les événements. Mon âme était morte, mon espoir écrasé sous les barricades.

Au milieu de cet abattement, je reçus de Marie
Dorval la lettre que voici :

« Ma pauvre bonne et chère amie, je n'ai pas osé
» t'écrire, je te croyais trop occupée; et d'ailleurs
» je ne le pouvais pas; dans mon désespoir, je t'au-
» rais écrit une lettre trop folle. Mais aujourd'hui
» je sais que tu es à Nohant, loin de notre affreux
» Paris, seule avec ton cœur si bon et qui m'a tant
» aimée ! J'ai lu, à travers mes larmes, ta lettre à
» ***. Je t'y retrouve toujours tout entière, comme
» dans le roman du *Champi*. — Pauvre Champi !
» Alors j'ai eu absolument besoin de t'écrire pour
» obtenir de toi quelques paroles de consolation
» pour ma pauvre âme désolée. — J'ai perdu mon
» fils, mon Georges ! — le savais-tu ? — Mais tu
» ne sais pas la douleur profonde, irréparable que
» je ressens. — Je ne sais que faire, que croire !
» Je ne comprends pas que Dieu nous enlève d'aussi
» chères créatures. Je veux prier Dieu, et je ne sens
» que de la colère et de la révolte dans mon cœur.
» Je passe ma vie sur son petit tombeau. Me voit-
» il ? Le crois-tu ? Je ne sais plus que faire de ma
» vie, je ne connais plus mon devoir. Je voudrais et
» je ne peux plus aimer mes autres enfants. — J'ai
» cherché des consolations dans les livres de prières.
» Je n'y ai rien trouvé qui me parle de ma situation
» et des enfants que nous perdons. Il faudrait re-
» mercier Dieu d'un aussi affreux malheur ? — Non,

» je ne le peux pas ! Jésus lui-même n'a-t-il pas crié :
« Mon Dieu, pourquoi m'avez-vous abandonné? »
» Si cette grande âme a douté, que devenir, nous
» autres pauvres créatures? Ah ! ma chère, que je
» suis malheureuse ! c'était tout mon bonheur. —
» Je croyais que c'était ma récompense pour avoir
» été bonne fille, et bien dévouée toujours à toute
» une famille dont la charge était bien chère ! —
» mais aussi bien lourde à mes pauvres épaules.....
» j'étais si heureuse ! Je n'enviais rien à personne.
» Je luttais avec courage dans une profession *haïs-*
» *sable,* que je remplissais de mon mieux, et quand
» la maladie ne m'arrêtait pas, dans l'idée de rendre
» tout mon monde plus heureux autour de moi.
» Les révolutions..... l'art perdu..... nous étions
» encore heureux. — Nos pauvres petits faisaient
» des barricades, chantaient la *Marseillaise*, les
» bruits de la rue redoublaient leur gaieté ! Eh bien,
» quelques jours après, ces mêmes bruits redou-
» blaient les convulsions de mon pauvre Georges.
» Il a eu quatorze jours d'agonie. Quatorze jours
» nous avons été sur la croix ! Il est tombé à nos
» pieds le 3 mai. Il a rendu sa petite âme le 16 mai,
» à trois heures et demie du soir.

    » Pardonne-moi de t'attrister, ma chère bonne,
» mais je viens à toi que j'aime tant ! qui as tou-
» jours été si bonne pour moi ! Toi qui es cause (car
» sans toi cela ne se pouvait pas) de ce beau voyage

» dans le Midi, avec mon fils ! ce voyage qui a ré-
» tabli ma santé (hélas ! trop !), qui a rendu cet en-
» fant si joyeux, qui a rempli de plaisirs, de pro-
» menades, de soleil, sa pauvre petite existence
» sitôt finie !

» Je viens encore à toi pour que tu m'écrives une
» lettre qui donne un peu de forces à mon âme. Je
» te demande du secours encore une fois. Les belles
» paroles qui sortent de ton noble cœur, de ta haute
» raison, je sais bien où les prendre, mais j'y trou-
» verai un plus grand soulagement si elles viennent
» de ton cœur au mien.

» Adieu, ma chère George, mon amie et mon
» nom chéri !

                                    » MARIE DORVAL.

    » 12 juin 1848, rue de Varennes, 2. »

Je n'ai pas voulu changer un mot ni supprimer
une ligne de cette lettre. Bien que je n'aie pas coutume de publier les éloges qu'on m'adresse, celui-ci
est sacré pour moi. C'était la dernière bénédiction
de cette âme aimante et croyante en dépit de tout,
et cette tendre vénération pour les objets de son
amitié montre les trésors de piété morale qui étaient
encore en elle.

Les consolations qu'on lui adressait n'étaient jamais perdues. Elle fit un nouvel effort pour s'étour-

dir dans le travail et pour reprendre sa tâche de dévouement. Mais, hélas ! ses forces étaient épuisées,
je ne devais plus la revoir.

Je passai l'hiver à Nohant, et la dernière lettre
qui soit sortie de sa main tremblante, elle l'écrivait
en 1849 à sa chère Caroline, à l'occasion du 16 mai,
ce jour fatal qui lui avait enlevé son Georges. Caroline m'envoya cette lettre froissée, brûlante de
fièvre, et dont l'écriture torturée a quelque chose
de tragique.

                « Caen, le 15 mai 1849.

» Chère Caroline, ta pauvre mère a souffert toutes
» les tortures de l'enfer. Chère fille, nous voici dans
» l'anniversaire douloureux. Je te prie que la cham-
» bre de mon Georges soit fermée et interdite à tout
» le monde. Que Marie n'aille pas jouer dans cette
» chambre. Tu tireras le lit au milieu de la cham-
» bre. Tu mettras son portrait ouvert sur son lit,
» et tu le couvriras de fleurs, ainsi que dans tous
» les vases. Tu enverras chercher ces fleurs à la
» halle. Mets-lui tout le printemps qu'il ne peut
» plus voir. Puis, tu prieras toute la journée en ton
» nom et au nom de sa pauvre grand'mère.

» Je vous embrasse bien tendrement.

                        » TA MÈRE. »

A cette lettre déchirante était jointe celle-ci, de Caroline à moi :

« Ma mère est morte le 20 mai, un an et quatre
» jours après mon pauvre Georges. Elle est tombée
» malade dans la diligence, en allant à Caen donner
» des représentations. Elle s'est mise au lit en arri-
» vant, et ne s'est plus relevée que pour revenir à
» Paris, où, deux jours après, elle est morte dans
» nos bras. Elle a bien souffert, mais ses derniers
» moments ont été doux. Elle pensait à ce pauvre
» petit ange qu'elle allait rejoindre : vous savez
» comme elle l'aimait. Cet amour l'a tuée. Il y
» avait un an qu'elle souffrait. Elle a souffert de
» toutes les façons. On a été si injuste, si cruel pour
» elle ! Ah ! madame, dites-moi que maintenant
» elle est heureuse ! Je vous embrasse comme elle
» l'eût fait elle-même, de toute mon âme.

» CAROLINE LUGUET.

» Le dernier livre qu'elle ait lu, c'est votre *Petite*
» *Fadette*. »

« 23 mai 1849.

» Chère madame Sand,

» Elle est morte, cette admirable et pauvre femme !
» Elle nous laisse inconsolables. Plaignez-nous !

» RENÉ LUGUET. »

Maintenant, voici les détails de cette cruelle mort après une si cruelle vie. C'est René Luguet qui me les donna dans une admirable lettre dont je suis forcée de supprimer la moitié. On verra pourquoi.

« Chère madame Sand,

» Oh ! vous avez raison, c'est pour nous un grand
» malheur, si grand, voyez-vous, que c'en est fait
» pour nous de toute joie sur la terre. Pour mon
» compte, j'ai tout perdu, une amie, un compa-
» gnon d'infortune, une mère ! ma mère intellec-
» tuelle, la mère de mon âme, celle qui donna
» l'essor à mon cœur, celle qui me fit artiste, qui
» me fit homme et qui m'en apprit les devoirs, celle
» qui me fit loyal et courageux, qui me donna le
» sentiment du beau, du vrai, du grand. — De
» plus, elle chérissait ma chère Caroline, elle ado-
» rait nos enfants. Elle en est morte : jugez, jugez
» si je la pleure !

» Chère madame, vous qu'elle a tant aimée, vous
» qu'elle vénérait, laissez-moi vous raconter une
» partie de ses souffrances, vous aurez la mesure
» des miennes.

» Elle est donc morte de chagrin, de décourage-
» ment. Le dédain, oui, le dédain l'a tuée ! . . .

. . . .

» Quand la pauvre femme allait de porte en porte

» demander l'emploi de son talent, de son génie,
» on ouvrait de grands yeux au nom de Dorval. Le
» génie! Il est bien question de cela! Il lui man-
» quait une ou deux dents, sa robe était noire, son
» regard triste. Les événements ont amené dans
» les théâtres des désastres qui ont amené à leur
» tour. . . . .

» . . . . . . C'est donc au plus fort de cette dé-
» composition que notre premier grand malheur
» arriva, mon Georges mourut. Marie, frappée au
» cœur, resta d'abord debout, sans nous laisser
» voir la profondeur de sa blessure, puis elle étendit
» la main pour se rattacher à quelque chose ; vite,
» nous cherchâmes quelque grande diversion à ce
» grand chagrin, une grande création! *** vint
» avec un beau rôle. Elle le lut, l'apprit, elle y
» était sublime. C'était l'ancre de salut. Il fallait,
» quoi qu'elle fît, que quelques heures par jour fus-
» sent dérobées à sa douleur. . . . .

» Sans motif, sans excuse, sans un mot d'expli-
» cation, on lui retirait le rôle! . . . .

» C'en était fait. Elle reçut le coup en plein cœur.
» On dit à présent qu'on le regrette. Il est bien
» temps !

» La vie de cette pauvre mère s'échappait donc
» par trois blessures profondes, la mort d'un être
» adoré, — l'oubli et l'injustice partout, — à la
» maison, l'effroi de la misère !

» C'est ainsi que nous arrivâmes au 10 avril der-
» nier. J'allais à Caen, elle devait venir m'y re-
» joindre, mais avant elle voulut tenter un dernier
» effort, une dernière démarche pour avoir *aux*
» *Français* un coin et 500 francs par mois. On lui
» répondit que bientôt, grâce à des *calculs intelli-*
» *gents,* on allait faire une économie de 300 francs
» sur le *luminaire*, et que si on pouvait vaincre la
» *répugnance* du comité, on aviserait à lui donner
» *du pain*.

» Ce fut son dernier coup, car je vis, dans ce
» moment-là, son regard angélique se porter vers
» moi, et la mort était dans ce regard.

» Elle partit pour Caen, et là, tout de suite, en
» deux heures, je vis le mal si grand, que je dus
» appeler une consultation. L'état fut jugé très-
» grave, il y avait fièvre pernicieuse et ulcère au
» foie. Je crus entendre prononcer ma propre con-
» damnation à mort. Je ne pouvais en croire mes
» yeux, quand je regardais cet ange de douleurs et
» de résignation, qui ne se plaignait pas, et qui, en
» me souriant tristement, semblait me dire : Vous
» êtes là, vous, vous ne me laisserez pas mourir !

» A dater de ce moment-là, j'ai passé *quarante*
» nuits à son chevet, *debout !* Elle n'a pas eu d'autre
» garde, d'autre infirmier, d'autre ami que moi. Je
» voulais seul accomplir cette tâche ; pendant qua-
» rante jours, j'ai été là, la disputant à la mort,

» comme un chien fidèle défend son maître en
» péril.

» Puis j'ai vu venir la faiblesse, la profonde mé-
» lancolie. Elle s'est mise à parler sans cesse de son
» enfance, de ses beaux jours ; elle résumait toute
» son existence : je me sentais terrassé par le déses-
» poir, par la fatigue. Plusieurs fois je m'étais éva-
» noui. Il fallait prendre un parti, et, bien que les
» médecins eussent prédit la mort en cas de voyage,
» comme je voyais la mort arriver rapidement et
» qu'elle appelait Paris, sa fille et sa petite Marie
» avec un accent qui me fait encore frissonner...
» je demandai à Dieu un miracle, je retins le coupé
» de la diligence, je levai et je me mis à habiller
» moi-même cette créature adorée, qui se laissait
» faire, comme si j'avais été sa mère. Je la descendis
» dans mes bras, et une heure après nous partions
» pour Paris, tous deux mourants, elle de son mal,
» moi de mon désespoir.

» Deux heures plus tard, par une tempête af-
» freuse, nous versions : mais c'est à peine si nous
» nous en sommes aperçus. Tout nous était si égal !

» Enfin le lendemain elle était dans sa chambre,
» au milieu de nous tous. Dieu merci, elle était
» vivante ; mais le mal, que le voyage avait en-
» gourdi, reprit son empire, et le 20 mai, à une
» heure, elle nous dit : *Je meurs, mais je suis rési-*
» *gnée ! ma fille, ma bonne fille, adieu...... Lu-*

» *quet..... sublime.....* Ce furent ses dernières pa-
» roles. Puis son dernier soupir s'est exhalé à travers
» un sourire. Oh ! ce sourire, il flamboie toujours
» devant mes yeux, et j'ai besoin de regarder bien
» vite mes enfants et ma chère Caroline pour ac-
» cepter la vie !

» Chère madame Sand, j'ai le cœur meurtri.
» Votre lettre a ravivé toutes mes tortures. Cette
» adorable Marie ! vous avez été son dernier poëte.
» J'ai lu la *Petite Fadette* à son chevet. Puis nous
» avons parlé longtemps de tous ces beaux livres
» dont elle racontait les scènes touchantes en pleu-
» rant. Puis elle m'a parlé de vous, de votre cœur.
» Ah ! chère madame Sand, comme vous aimiez
» Marie ! comme vous aviez su comprendre son
» âme ! comme elle vous aimait, et comme je vous
» aime ! — Et comme je suis malheureux ! Il me
» semble que ma vie est sans but et que je ne l'ac-
» cepte plus que par devoir.

» J'attends le jour où je pourrai vous parler d'elle,
» vous raconter toutes les choses inouïes de gran-
» deur et de beauté que cet ange m'a dites dans ses
» jours de mélancolie et dans ses jours de douleur.

» Votre affectionné et désolé

» LUGUET. »

Je citerai encore une lettre de ce bon et grand
cœur qui avait été digne d'une telle mère. Je lui en

demande pardon d'avance. Ces épanchements ne
s'attendaient guère à la publicité ; mais il s'agit ici,
non de ménager la modestie de ceux qui vivent, il
s'agit d'élever le monument de celle qui est morte.
C'était une des plus grandes artistes et une des
meilleures femmes de ce siècle. Elle a été mécon-
nue, calomniée, raillée, diffamée, abandonnée par
plusieurs qui eussent dû la défendre, par quelques-
uns qui eussent dû la bénir. Il faut qu'au moins
quelques voix s'élèvent sur sa tombe, et ces voix-là
seront le meilleur poids dans la balance où l'opinion
pèse d'une main distraite le bien et le mal. Ces
voix-là, ce sont les voix d'amis qui l'ont connue
longtemps et qui ont recueilli et apprécié tous les
secrets de son intimité : ce sont les voix de la famille. Elles prévaudront contre celles des gens qui
voient de loin et jugent au hasard.

« Paris, décembre 49.

» Chère madame Sand, j'ai vu hier votre pièce
» du *Champi*. Jamais, depuis que je suis au théâtre,
» je n'ai éprouvé une telle émotion ! Ah ! ce garçon
» dévoué, gardien fidèle de l'existence de la pauvre
» persécutée ! Heureux fils qui sauve sa Madeleine !
» Tous n'ont pas ce bonheur-là ! Comme j'ai pleuré !
» Blotti au fond de ma loge, le mouchoir aux dents,
» j'ai cru étouffer.

» Ah ! c'est que, pour moi, ce n'était plus Fran-
» çois et Madeleine ; c'était elle et moi ! Ce n'était
» pas un homme et une femme qui peuvent ou doi-
» vent finir par un mariage ; ce n'était même pas
» un fils et une mère ; c'étaient deux âmes qui
» avaient besoin l'une de l'autre. Ah ! j'ai vu passer
» là les dix belles années de ma vie, mon dévoue-
» ment, mon espérance, mon but, mon soutien,
» tout ! Oh ! j'ai été trop heureux pendant dix ans,
» il fallait payer cela !

» Chère madame Sand, pardonnez-moi toutes
» ces larmes au sujet d'un succès qui réjouit tous
» ceux qui vous connaissent ; mais à qui dirai-je ce
» que je souffre, si ce n'est à vous ?

» Ne viendrez-vous donc pas à Paris voir votre
» pièce ? Et nous ! — ne nous cherchez plus rue de
» Varennes. Oh ! non, nous avons fui cette maison
» maudite. Nous y serions tous morts. Les portes,
» les corridors, les bruits de l'escalier, tout cela
» nous faisait frissonner à toute heure. Les cris de
» la rue venaient tous les matins à heure fixe nous
» rappeler qu'à *telle heure elle disait cela.* Enfin de
» ces riens qui tuent ! Nous avons traîné ailleurs
» notre profonde tristesse..... Caroline vous em-
» brasse tendrement ; la pauvre enfant est désolée
» aussi. Ma tendresse pour elle augmente chaque
» jour. Elle mérite tant d'être heureuse, celle-là !

» René Luguet »

C'est ainsi que fut aimée, c'est ainsi que fut pleu-
rée Marie Dorval. Son mari, M. Merle, était déjà
tombé dans un état de langueur suivi de paralysie.
Aimable et bon, mais profondément personnel, il
trouva tout simple de rester, lui, ses infirmités
affreuses et ses dettes intarissables, à la charge de
Luguet et de Caroline, auxquels il n'était rien,
sinon un devoir légué par madame Dorval, devoir
qu'ils accomplirent jusqu'au bout, en dépit des vicissitudes de la vie d'artiste et des mauvais jours
qu'ils eurent à traverser, tant leur fut chère et sacrée la pensée de continuer la tâche de dévouement
qui leur était léguée par elle.

Oui, si elle a été trahie et souillée, cette victime
de l'art et de la destinée, elle a été aussi bien chérie
et bien regrettée. Et je n'ai pas parlé de moi, de
moi qui ne me suis pas encore habituée à l'idée
qu'elle n'est plus, et que je ne pourrai plus la se-
courir et la consoler; de moi, qui n'ai pu raconter
cette histoire et transcrire ces détails sans me sentir
étouffée par les larmes; de moi, qui ai la conviction
de la retrouver dans un meilleur monde, pure et
sainte comme le jour où son âme quitta le sein de
Dieu pour venir errer dans notre monde insensé, et
tomber de lassitude sur nos chemins maudits!

CHAPITRE CINQUIÈME

Eugène Delacroix. — David Richard et Gaubert. — La phrénologie et le magnétisme. — Les saints et les anges.

Eugène Delacroix fut un de mes premiers amis
dans le monde des artistes, et j'ai le bonheur de le
compter toujours parmi mes vieux amis. Vieux, on
le sent, est le mot relatif à l'ancienneté des relations,
et non à la personne. Delacroix n'a pas et n'aura
pas de vieillesse. C'est un génie et un homme jeune.
Bien que, par une contradiction originale et piquante,
son esprit critique sans cesse le présent et raille l'a-
venir, bien qu'il se plaise à connaître, à sentir, à
deviner, à chérir exclusivement les œuvres et souvent les idées du passé, il est, dans son art, l'inno-
vateur et l'oseur par excellence. Pour moi, il est le
premier maître de ce temps-ci, et, relativement à
ceux du passé, il restera un des premiers dans l'histoire de la peinture. Cet art n'ayant pas généralement progressé depuis la renaissance, et paraissant
moins goûté et moins compris relativement par les
masses, il est naturel qu'un type d'artiste comme

Delacroix, longtemps étouffé ou combattu par cette décadence de l'art et par cette perversion du goût général, ait réagi de toute la force de ses instincts contre le monde moderne. Il a cherché dans tous les obstacles qui l'entouraient des monstres à renverser, et il a cru les trouver souvent dans des idées de progrès dont il n'a senti ou voulu sentir que le côté incomplet ou excessif. C'est une volonté trop exclusive et trop ardente que la sienne pour s'accommoder des choses à l'état d'abstraction. En cela il est, dans l'appréciation des vues sociales, comme était Marie Dorval dans celle des idées religieuses. Il faut à ces fortes imaginations un terrain solide pour édifier le monde de leurs pensées. Il ne faut pas leur parler d'attendre que la lumière soit faite. Elles ont horreur du vague, elles veulent le grand jour. C'est tout simple : elles sont jour et lumière elles-mêmes.

Il ne faut donc pas espérer de les calmer en leur disant que la certitude est et sera toujours en dehors des faits du monde où l'on vit, et que la foi à l'avenir ne doit pas s'embarrasser du spectacle des choses présentes. Ces yeux perçants voient souvent les hommes d'avenir faire fatalement des mouvements rétrogrades, et dès lors ils jugent que la philosophie du siècle marche à reculons.

C'est ici le lieu de dire que notre philosophie, à nous autres qui nous piquons d'être progressistes,

devrait bien faire le progrès d'une certaine tolérance.
Dans l'art, dans la politique, et, en général, dans
tout ce qui n'est pas science exacte, on veut qu'il
n'y ait qu'une vérité, et c'est là une vérité, en effet;
mais dès qu'on se l'est formulée à soi-même, on
s'imagine avoir trouvé la vraie formule, on se persuade qu'il n'y en a qu'une, et on prend dès lors
cette formule pour la chose. Là commencent l'erreur, la lutte, l'injustice et le chaos des discussions
vaines.

Il n'y a qu'une vérité dans l'art, le beau; qu'une
vérité dans la morale, le bien; qu'une vérité dans
la politique, le juste. Mais dès que vous voulez faire
chacun le cadre d'où vous prétendez exclure tout
ce qui, selon vous, n'est pas juste, bien et beau, vous
arrivez à rétrécir ou à déformer tellement l'image
de l'idéal, que vous vous trouvez fatalement et bien
heureusement à peu près seul de votre avis. Le cadre de la vérité est plus vaste, toujours plus vaste
qu'aucun de nous ne peut se l'imaginer.

La notion de l'infini peut seule agrandir un peu
l'être fini que nous sommes, et c'est la notion qui
entre le plus difficilement dans nos esprits. La discussion, la délimitation, l'*épluchage* et l'*épilogage*
sont devenus, surtout en ce temps-ci, de véritables
maladies; à ce point que beaucoup de jeunes artistes
sont morts pour l'art, ayant oublié, à force de causer, qu'il s'agissait de prouver par des œuvres, et

non par des discours. L'infini ne se démontre pas,
il se cherche, et le beau se sent plus dans l'âme
qu'il ne s'établit par des règles. Tous ces catéchis-
mes d'art et de politique que l'on se jette à la tête
sentent l'enfance de la politique et de l'art. Laissons
donc discuter, puisque c'est l'enseignement pénible,
agaçant et puéril qu'il faut sans doute encore à notre époque : mais que ceux d'entre nous qui sentent
au dedans d'eux-mêmes un élan véritable ne s'em-
barrassent pas de ce bruit de l'école, et fassent leur
tâche en se bouchant un peu les oreilles.

Et puis, quand notre tâche du jour est faite, re-
gardons celle des autres, et ne nous hâtons pas de
dire qu'elle n'est pas bonne, parce qu'elle est diffé-
rente. Profiter vaut mieux que contredire, et bien
souvent on ne profite de rien, parce que l'on veut
tout critiquer.

Nous exigeons trop de logique dans les autres,
et par là nous montrons que nous n'en avons pas
assez pour nous-mêmes. Nous voulons qu'on voie
par nos yeux en toutes choses, et plus un individu
nous frappe et nous occupe par l'emploi de hautes
facultés, plus nous voulons l'assimiler à nos facultés
propres, qui, à supposer qu'elles ne soient pas très-
inférieures, sont du moins très-différentes. Philosophes, nous voudrions qu'un musicien fît ses délices
de Spinoza ; musiciens, nous voudrions qu'un philosophe nous donnât l'opéra de *Guillaume Tell ;* et

quand l'artiste, hardi novateur dans sa partie, re-
jette l'innovation sur un autre point, de même que
quand le penseur, bouillant à s'élancer dans l'inconnu de ses croyances, recule devant la nouveauté
d'une tentative d'art, nous crions à l'inconsé-
quence et nous dirions volontiers : « Toi, artiste, je
condamne tes œuvres d'art, parce que tu n'es pas
de mon parti et de mon école ; toi, philosophe, je
nie ta science, parce que tu n'entends rien à la
mienne. »

C'est ainsi qu'on juge trop souvent, et trop souvent la critique écrite arrive pour donner la dernière main à ce système d'intolérance si parfaitement déraisonnable. Cela était surtout sensible il y
a quelques années, lorsque beaucoup de journaux
et de revues représentaient beaucoup de nuances
d'opinions. On eût pu dire alors : « Dis-moi dans
quel journal tu écris, et je vais te dire quel artiste
tu vas louer ou blâmer. »

On m'a bien souvent dit à moi : « Comment pou-
vez-vous vivre et parler avec tel de vos amis qui
pense tout au rebours de vous ? Quelles concessions
vous fait-il, ou quelles concessions n'êtes-vous pas
forcée de lui faire ? »

Je n'ai jamais fait ni demandé la moindre concession, et si j'ai quelquefois discuté, c'est pour
m'instruire en faisant parler les autres ; m'instruire,
non pas en ce sens que j'acceptais toujours toutes

leurs solutions, mais en ce sens qu'examinant le
mécanisme de leur pensée et recherchant en eux la
source de leurs convictions, j'arrivais à comprendre
ce que l'être humain le mieux organisé renferme de
contradictions de fait dans sa logique apparente, et,
par suite, de logique véritable dans ses apparentes
contradictions.

Du moment que l'intelligence vous révèle ses
forces, ses besoins, son but, et même ses infirmités
à côté de ses grandeurs, je ne comprends guère
qu'on ne l'accepte pas tout entière, même avec ses
taches, lesquelles, comme celles du soleil, ne peuvent pas être regardées à l'œil nu sans faire cligner
beaucoup la paupière.

J'ai donc, outre l'amitié tendre qui me lie à certaines créatures d'élite, un grand respect pour ce
que je n'admettrais pas en moi-même à l'état de
croyance arrêtée, mais ce qui, chez elles, me paraît
l'accident inévitable, nécessaire peut-être, le coup
de fouet intérieur de leur développement. Un grand
artiste peut nier devant moi une partie de ce qui
fait la vie de mon âme, peu m'importe ; je sais
bien que par les endroits de mon âme qui lui sont
ouverts il fera rentrer ma vie avec sa flamme. De
même un grand philosophe qui me blâmera d'être
artiste me rendra plus artiste en ranimant ma foi à
des vérités supérieures, lorsqu'il m'expliquera ces
vérités avec l'éloquence de la conviction.

Notre esprit est une boîte à compartiments qui communiquent les uns avec les autres par un admirable mécanisme. Un grand esprit qui se livre à nous nous donne à respirer comme un bouquet de fleurs où certains parfums, qui nous seraient nuisibles isolés, nous charment et nous raniment par leur mélange avec les autres parfums qui les modifient.

Ces réflexions me viennent à propos d'Eugène Delacroix. Je pourrais les appliquer à beaucoup d'autres natures éminentes que j'ai eu le bonheur d'apprécier sans qu'elles m'aient causé aucun souci en me contredisant et même en se moquant de moi à l'occasion. J'ai été tenace dans ma résistance à certains de leurs dires, mais tenace aussi dans mon affection pour elles et dans ma reconnaissance pour le bien qu'elles m'ont fait en excitant en moi le sentiment de moi-même. Elles me regardent comme une rêveuse incorrigible; mais elles savent que je suis une amie fidèle.

Le grand maître dont je parle est donc mélancolique et chagrin dans sa théorie, enjoué, charmant, *bon enfant* au possible dans son commerce. Il démolit sans fureur et raille sans fiel, heureusement pour ceux qu'il critique; car il a autant d'esprit que de génie, chose à quoi l'on ne s'attend pas en regardant sa peinture, où l'agrément cède la place à la grandeur, et où la maëstria n'admet pas la gentillesse et la coquetterie. Ses types sont austères;

on aime à les regarder bien en face : ils vous appellent dans une région plus haute que celle où l'on
vit. Dieux, guerriers, poëtes ou sages, ces grandes
figures de l'allégorie ou de l'histoire qu'il a traitées
vous saisissent par une allure formidable ou par un
calme olympien. Il n'y a pas moyen de penser, en
les contemplant, au pauvre modèle d'atelier, qu'on
retrouve dans presque toutes les peintures modernes,
sous le costume d'emprunt à l'aide duquel on a vai-
nement tenté de le transformer. Il semble que, si
Delacroix a fait poser des hommes et des femmes,
il ait cligné les yeux pour ne pas les voir trop
réels.

Et cependant ses types sont vrais, quoique idéa-
lisés dans le sens du mouvement dramatique ou de
la majesté rêveuse. Ils sont vrais comme les images
que nous portons en nous-mêmes quand nous nous
représentons les dieux de la poésie ou les héros de
l'antiquité. Ce sont bien des hommes, mais non des
hommes vulgaires comme il plait au vulgaire de les
voir pour les comprendre. Ils sont bien vivants,
mais de cette vie grandiose, sublime ou terrible
dont le génie seul peut retrouver le souffle.

Je ne parle pas de la couleur de Delacroix. Lui
seul aurait peut-être la science et le droit de faire la
démonstration de cette partie de son art, où ses
advervaires les plus obstinés n'ont pas trouvé moyen
de le discuter ; mais parler de la couleur en pein-

ture, c'est vouloir faire sentir et deviner la musique par la parole. Décrira-t-on le *Requiem* de Mozart ? On pourrait bien écrire un beau poëme en l'écoutant ; mais ce ne serait qu'un poëme et non une traduction ; les arts ne se traduisent pas les uns par les autres. Leur lien est serré étroitement dans les profondeurs de l'âme ; mais, ne parlant pas la même langue, ils ne s'expliquent mutuellement que par de mystérieuses analogies. Ils se cherchent, s'épousent et se fécondent dans des ravissements où chacun d'eux n'exprime que lui-même.

« *Ce qui fait le beau de cette industrie-là*, me disait gaiement Delacroix lui-même dans une de ses lettres, *consiste dans des choses que la parole n'est pas habile à exprimer.* — Vous me comprenez de reste, ajoute-t-il ; et une phrase de votre lettre me dit assez combien vous sentez les limites nécessaires à chacun des arts, limites que messieurs vos confrères franchissent parfois avec une aisance admirable. »

Il n'y a guère moyen d'analyser la pensée dans quelque art que ce soit, si ce n'est à travers une pensée de même ordre. Du moment qu'on veut rapetisser à sa propre mesure, quand on est petit, les grandes pensées des maîtres, on erre et on divague sans entamer en rien le chef-d'œuvre : on a pris une peine inutile.

Quant à disséquer leur procédé, soit pour le

louer, soit pour le blâmer, l'étalage des termes
techniques que la critique introduit plus ou moins
adroitement dans ses argumentations sur la peinture et la musique n'est qu'un tour de force réussi
ou manqué. Manqué, ce qui arrive souvent à ceux
qui parlent du métier sans en comprendre les termes
et en les employant à tort et à travers, le tour fait
rire les plus humbles praticiens. Réussi, il n'initie
en rien le public à ce qu'il lui importe de sentir, et
n'apprend rien aux élèves attentifs à saisir les secrets
de la maîtrise. Vous leur direz en vain les procédés
de l'artiste, et devant ces naïfs rapins qui s'extasient
sur un petit coin de la toile en se demandant avec
stupeur *comment cela est fait,* vous exposerez en
vain la théorie savante des moyens employés ; vous
fussent-ils révélés par la propre bouche du maître,
ils seront parfaitement inutiles à celui qui ne saura
pas les mettre en œuvre. S'il n'a pas de génie,
aucun moyen ne lui servira ; s'il a du génie, il
trouvera ses moyens tout seul, ou se servira à sa
manière de ceux d'autrui, qu'il aura compris ou
devinés sans vous. Les seuls ouvrages d'art sur l'art
qui aient de l'importance et qui puissent être utiles
sont ceux qui s'attachent à développer les qualités
de sentiment des grandes choses et qui par là élèvent et élargissent le sentiment des lecteurs. Sous
ce point de vue, Diderot a été grand critique, et,
de nos jours, plus d'un critique a encore écrit de

belles et bonnes pages. Hors de là, il n'y a qu'efforts
perdus et pédantisme puéril.

Un modèle d'appréciation supérieure est sous mes
yeux. J'en veux rappeler un fragment pour ceux
qui ne l'auraient pas sous la main :

« On ne peut nier l'impression sans cesse décrois-
» sante des ouvrages qui s'adressent à la partie la
» plus enthousiaste de l'esprit ; c'est une espèce de
» refroidissement mortel qui nous gagne par degrés,
» avant de glacer tout à fait la source de toute vé-
» nération et de toute poésie.

. . . .

» Doit-on se dire que les beaux ouvrages ne sont
» pas faits pour le public et ne sont pas appréciés
» par lui, et qu'il ne garde ses admirations privi-
» légiées que pour de futiles objets? Serait-ce qu'il
» se sent pour toute production extraordinaire une
» sorte d'antipathie, et que son instinct le porte
» naturellement vers ce qui est vulgaire et de peu de
» durée? Y aurait-il, pour toute œuvre qui semble
» par sa grandeur échapper au caprice de la mode,
» une condition secrète de lui déplaire, et n'y voit-
» il qu'une espèce de reproche de l'inconstance de
» ses goûts et de la vanité de ses opinions? »

Après ce cri de douleur et d'étonnement, le critique que je cite nous parle du *Jugement dernier*,
et, sans employer aucun terme de métier, sans nous
initier à aucun des procédés que nous n'avons pas

besoin de connaitre, occupé seulement de nous communiquer l'enthousiasme qui l'embrase, il nous jette
dans la pensée la propre pensée de Michel-Ange.

« Le style de Michel-Ange', dit-il, semble le seul
» qui soit parfaitement approprié à un pareil sujet.
» L'espèce de convention qui est particulière à ce
» style, ce parti tranché de fuir toute trivialité au
» risque de tomber dans l'enflure et d'aller jusqu'à
» l'impossible, se trouvaient à leur place dans la
» peinture d'une scène qui nous transporte dans une
» sphère tout idéale. Il est si vrai que notre esprit
» va toujours au delà de ce que l'art peut exprimer
» en ce genre, que la poésie elle-même, qui semble
» si immatérielle dans ses moyens d'expression, ne
» nous donne jamais qu'une idée trop définie de
» semblables inventions. Quand l'Apocalypse de
» saint Jean nous peint les dernières convulsions
» de la nature, les montagnes qui s'écroulent, les
» étoiles qui tombent de la voûte céleste, l'imagi-
» nation la plus poétique et la plus vaste ne peut
» s'empêcher de circonscrire dans un champ borné
» le tableau qui lui est offert. Les comparaisons
» employées par le poëte sont tirées d'objets maté-
» riels qui arrêtent la pensée dans son vol. Michel-
» Ange, au contraire, avec ses dix ou douze groupes
» de quelques figures disposées symétriquement et
» sur une surface que l'œil embrasse sans peine,
» nous donne une idée incomparablement plus ter-

» rible de la catastrophe suprême qui amène aux
» pieds de son Juge le genre humain éperdu ; et cet
» empire immense qu'il prend à l'instant sur l'ima-
» gination, il ne le doit à aucune des ressources
» que peuvent employer les peintres vulgaires ; c'est
» son style seul qui le soutient dans les régions du
» sublime et nous y emporte avec lui.

. . . .

    » Le Christ de Michel-Ange n'est ni un philosophe
» ni un héros de roman. C'est Dieu lui-même, dont
» le bras va réduire en poudre l'univers. Il faut à
» Michel-Ange, il faut au peintre des formes, des
» contrastes, des ombres, des lumières sur des corps
» charnus et mouvants. Le jugement dernier, c'est
» la fête de la chair ; aussi comme on la voit courir
» déjà sur les os de ces pâles ressuscités, au mo-
» ment où la trompette entr'ouvre leur tombe et les
» arrache au sommeil des siècles ! Dans quelle va-
» riété de poétiques attitudes ils entr'ouvrent leurs
» paupières à la lueur de ce sinistre et dernier jour
» qui secoue pour jamais la lumière du sépulcre et
» pénètre jusqu'aux entrailles de cette terre où la
» mort a entassé ses victimes ! Quelques-uns soulè-
» vent avec effort la couche épaisse sous laquelle ils
» ont dormi si longtemps ; d'autres, dégagés déjà
» de leur fardeau, restent là étendus et comme
» étonnés d'eux-mêmes. Plus loin, la barque ven-
» geresse emporte la foule des réprouvés. Caron se

10.

» tient là, battant de son aviron les âmes pares-
» seuses : *qualunque s'adagia !* »

Qui donc a écrit ces belles pages? Ne semble-t-il
pas qu'on entende Michel-Ange lui-même parler de
son œuvre et en expliquer la pensée? Ce langage si
grand et si ferme qu'il ne semble pas appartenir
à notre siècle n'est-il pas celui du maître traduit
par quelque littérateur contemporain du premier
ordre ?

Non ! ces pages sont écrites par un maître moderne qui n'a ni le goût ni le temps d'écrire. Elles
ont été jetées à la hâte sur le papier, dans un jour
de brûlante indignation contre l'indifférence du public et de la critique en présence d'une belle copie
du *Jugement dernier* due à Sigalon, et que Paris
était appelé à contempler au palais des Beaux-Arts,
ce dont Paris ne se souciait pas le moins du monde.
Ces pages, dont le maître ne veut pas seulement
qu'on lui parle et qu'il craint peut-être de relire,
sont signées Eugène Delacroix.

Je ne dirai pas : Que n'en a-t-il écrit beaucoup
d'autres [1] ! mais bien : Que n'a-t-il pu mettre douze
heures de plus dans ses journées déjà trop courtes
pour la peinture ! Lui seul, je le crois, eût pu traduire son propre génie à la multitude en lui tradui-

---

[1] Il en a écrit quelques autres que la postérité recueillera
très-précieusement, entre autres un opuscule intitulé *Questions sur le beau.*

sant celui des maîtres tant aimés et si bien compris
par lui !

Citons la conclusion ; on y verra le *procédé* par
lequel Delacroix est devenu un peintre égal à Michel-
Ange.

« On n'a pas craint d'affirmer que la vue du
» chef-d'œuvre de Michel-Ange corromprait le goût
» des élèves et les induirait à la manière, comme si
» quelque chose pouvait être plus funeste que la
» manière même des écoles. Sans doute, des mo-
» dèles aussi frappants ne s'adressent pas à tous les
» esprits. Il en est de l'étude d'une manière si
» agrandie, d'un art si abstrait, si l'on peut parler
» ainsi, comme de ces régimes austères auxquels
» ne se soumettent que les rudes tempéraments. En
» présence de tant de grandeur et de hardiesse, un
» élève imbécile se retourne vers son maître et ne
» voit dans le dédain du grand peintre pour l'imi-
» tation vulgaire que l'impuissance d'imiter. Le
» maître se demande à son tour s'il fera céder la
» tradition devant ce mépris de toute tradition, et
» cependant le sublime artiste s'avance à travers les
» siècles, entouré de disciples plus dignes de lui.
» Tous les grands noms de la peinture marchent à
» ses côtés et le couronnent des rayons de leur
» propre gloire. . . . .
» Après toutes les nouvelles déviations dans les-
» quelles l'art pourra se trouver entraîné par le

» caprice et le besoin du changement, le grand
» style du Florentin sera toujours comme un pôle
» vers lequel il faudra se tourner de nouveau pour
» retrouver la route de toute grandeur et de toute
» beauté. »

Le voilà, le procédé ! C'est d'adorer le beau d'a-
bord, ensuite de le comprendre, et puis enfin de le
tirer de soi-même. Il n'y en a pas d'autre.

On peut bien croire que l'inintelligence du siècle
a fait mortellement souffrir cette âme enthousiaste
des grandes choses. Heureusement la gaieté charmante de son esprit l'a préservé de la souffrance
qui aigrit. Quant à celle qui énerve, le géant était
trop fortement trempé pour la connaître. Il a résolu le problème de prendre son essor entier, un
essor victorieux, immense, et qui laisse le parlage
et le paradoxe loin sous ses pieds, comme cette
fulgurante figure d'Apollon qu'il a jetée aux voûtes
du Louvre oublie, dans la splendeur des cieux, les
chimères qu'il vient de terrasser. Il a résolu ce problème sans perdre la jeunesse de son âme, la générosité et la droiture de ses instincts, le charme de
son caractère, la modestie et le bon goût de son
attitude.

Delacroix a traversé plusieurs phases de son développement en imprimant à chaque série de ses
ouvrages le sentiment profond qui lui était propre.
Il s'est inspiré du Dante, de Shakspeare et de Goëthe,

et les romantiques, ayant trouvé en lui leur plus
haute expression, ont cru qu'il appartenait exclusivement à leur école. Mais une telle fougue de
création ne pouvait s'enfermer dans un cercle ainsi
défini. Elle a demandé au ciel et aux hommes de
l'espace, de la lumière, des lambris assez vastes
pour contenir ses compositions, et s'élançant alors
dans le monde de son idéal complet, elle a tiré de
l'oubli, où il était question de les reléguer, les allé-
gories de l'antique Olympe, qu'elle a mêlées, en
grand historien de la poésie, à l'illustration des
génies de tous les siècles. Delacroix a rajeuni ce
monde évanoui ou travesti par de froides traditions,
au feu de son interprétation brûlante. Autour de
ces personnifications surhumaines, il a créé un
monde de lumière et d'effets, que le mot *couleur*
ne suffit peut-être pas à exprimer pour le public,
mais qu'il est forcé de sentir dans l'effroi, le saisis-
sement ou l'éblouissement qui s'emparent de lui à
un tel spectacle. Là éclate l'individualité du sentiment de ce maître, enrichie du sentiment collectif
des temps modernes, dont la source cachée au fond
des esprits supérieurs grossit toujours à travers les
âges.

Il y aura néanmoins toujours un ordre d'esprits
systématiques qui reprocheront à Delacroix de n'a-
voir pas présenté à leurs sens le joli, le gracieux, la
forme voluptueuse, l'expression caressante comme

ils l'entendent. Reste à savoir s'ils l'entendent bien,
et si, dans cette région de la fantaisie, ils sont compétents à discerner le faux du vrai, le naïf du ma-
niéré. J'en doute. Ceux qui comprennent réellement
le Corrége, Raphaël, Watteau, Prudhon, comprennent tout aussi bien Delacroix. La grâce a son
siége, et la puissance a le sien. D'ailleurs les grâces
sont des divinités à mille faces. Elles sont lascives
ou chastes selon l'œil qui les voit, selon l'âme qui
les formule. Le génie de Delacroix est sévère, et
quiconque n'a pas un sentiment capable d'élévation
ne le goûtera jamais entièrement. Je crois qu'il y
est tout résigné.

Mais quelle que soit la critique, il laissera un
grand nom et de grandes œuvres. Quand on le voit
pâle, frêle, nerveux et se plaignant de mille petits
maux obstinés à le tenir en haleine, on s'étonne
que cette délicate organisation ait pu produire avec
une rapidité surprenante, à travers des contrariétés
et des fatigues inouïes, des œuvres colossales. Et
pourtant elles sont là, et elles seront suivies, s'il
plaît à Dieu, de beaucoup d'autres, car le maître
est de ceux qui se développent jusqu'à la dernière
heure et dont on croit en vain saisir le dernier mot
à chaque nouveau prodige.

Delacroix n'a pas été seulement grand dans son
art, il a été grand dans sa vie d'artiste. Je ne parle
pas de ses vertus privées, de son culte pour sa fa-

mille, de ses tendresses pour ses amis malheureux, des charmes solides de son caractère, en un mot. Ce sont là des mérites individuels que l'amitié ne publie pas à son de trompe. Les épanchements de son cœur dans ses admirables lettres feraient ici un beau chapitre qui le peindrait mieux que je ne sais le faire. Mais les amis vivants doivent-ils être ainsi révélés, même quand cette révélation ne peut être que la glorification de leur être intime? Non, je ne le pense pas. L'amitié a sa pudeur, comme l'amour a la sienne. Mais ce qui en Delacroix appartient à l'appréciation publique pour le profit que portent les nobles exemples, c'est l'intégrité de sa conduite; c'est le peu d'argent qu'il a voulu gagner, la vie modeste et longtemps gênée qu'il a acceptée plutôt que de faire aux goûts et aux idées du siècle (qui sont bien souvent celles des gens en place) la moindre concession à ses principes d'art. C'est la persévérance héroïque avec laquelle, souffrant, malingre, brisé en apparence, il a poursuivi sa carrière, riant des sots dédains, ne rendant jamais le mal pour le mal, malgré les formes charmantes d'esprit et de savoir-vivre qui l'eussent rendu redoutable dans ces luttes sourdes et terribles de l'amour-propre; se respectant lui-même dans les moindres choses, ne boudant jamais le public, exposant chaque année au milieu d'un feu croisé d'invectives, qui eût étourdi ou écœuré tout autre; ne se reposant jamais, sacrifiant ses plaisirs les plus purs, car il aime et comprend admirablement les autres arts, à la loi impérieuse d'un travail longtemps infructueux pour son bien-être et son succès : vivant, en un mot, au jour le jour, sans envier le faste ridicule dont s'entourent les artistes parvenus, lui dont la délicatesse d'organes et de goûts se fût si bien accommodée pourtant d'un peu de luxe et de repos !

Dans tous les temps, dans tous les pays, on cite les grands artistes qui n'ont rien donné à la vanité ou à l'avarice, rien sacrifié à l'ambition, rien immolé à la vengeance. Nommer Delacroix, c'est nommer un de ces hommes purs dont le monde croit assez dire en les déclarant honorables, faute de savoir combien la tâche est rude au travailleur qui succombe et au génie qui lutte.

Je n'ai point à faire l'historique de nos relations ; elle est dans ce seul mot, amitié sans nuages. Cela est bien rare et bien doux, et entre nous cela est d'une vérité absolue. Je ne sais pas si Delacroix a des imperfections de caractère. J'ai vécu près de lui dans l'intimité de la campagne et dans la fréquence des relations suivies, sans jamais apercevoir en lui une seule tache, si petite qu'elle fût. Et pourtant nul n'est plus liant, plus naïf et plus abandonné dans l'amitié. Son commerce a tant de charmes qu'auprès de lui on se trouve soi-même être sans défauts, tant il est facile d'être dévoué à

qui le mérite si bien. Je lui dois en outre, bien certainement, les meilleures heures de pures délices
que j'aie goûtées en tant qu'artiste. Si d'autres
grandes intelligences m'ont initiée à leurs découvertes et à leurs ravissements dans la sphère d'un
idéal commun, je peux dire qu'aucune individualité
d'artiste ne m'a été aussi plus sympathique et, si
je puis parler ainsi, plus intelligible dans son expansion vivifiante. Les chefs-d'œuvre qu'on lit,
qu'on voit ou qu'on entend ne vous pénètrent jamais mieux que doublés en quelque sorte dans leur
puissance par l'appréciation d'un puissant génie.
En musique et en poésie comme en peinture, Delacroix est égal à lui-même, et tout ce qu'il dit quand
il se livre est charmant ou magnifique sans qu'il
s'en aperçoive.

Je ne compte pas entretenir le public de tous
mes amis. Un chapitre consacré à chacun d'eux,
outre qu'il blesserait la timidité modeste de certaines
natures éprises de recueillement et d'obscurité, n'aurait d'intérêt que pour moi et pour un fort petit
nombre de lecteurs. Si j'ai parlé beaucoup de Rollinat, c'est parce que cette amitié type a été pour
moi l'occasion de dresser mon humble autel à une
religion de l'âme que chacun de nous porte plus ou
moins pure en soi-même.

Quant aux personnes célèbres, je ne m'attribue
pas le droit d'ouvrir le sanctuaire de leur vie intime,

mais je regarde comme un devoir d'apprécier l'ensemble excellent de leur vie par rapport à la mission qu'elles remplissent, quand je suis à même de remplir ce devoir en connaissance de cause.

Que ceux de mes anciens amis qui ne trouveront pas leurs noms à cette page de mon histoire ne pensent donc pas qu'ils soient effacés de mon cœur. Plus d'un même, que les circonstances ont forcément éloignés, à la longue, du milieu où j'ai dû vivre, me sont restés chers et gardent dans mes souvenirs la place honorable et douce qu'ils s'y sont faite.

Parmi ceux-là, je te nommerai pourtant, David Richard, type noble et doux, âme pure entre toutes! Tu appartiens à l'estime d'un groupe moins restreint que celui où ton humilité, vraiment chrétienne, s'est toujours cachée. La charité t'a, pour ainsi dire, détaché de toi-même, et tes patientes études, les élans généreux de ton cœur t'ont jeté dans une vie d'apôtre où le mien t'a suivi avec une constante vénération.

C'est qu'il est rare que les âmes portées à ce sentiment-là ne deviennent pas dignes de l'inspirer à leur tour. Cet humble axiome résume toute la vie de David Richard. Doué d'une tendresse suave et d'une foi fervente, il vit dans ses amis (et en tête de ses premiers amis fut l'illustre Lamennais) non pas des soutiens et des appuis pour sa faiblesse, mais des aliments naturels pour les forces de son dévouement. Je ne sais pas si on l'a jamais soutenu et consolé, lui ! Je ne crois pas, du moins, qu'il ait jamais songé à se plaindre d'aucune peine personnelle. Ce que je sais, c'est qu'il écoutait, consolait et calmait toujours, attirant à lui toutes les peines des autres et les dissipant ou les calmant par je ne sais quelle influence mystérieuse, sur laquelle j'aurais quelque chose à dire, si j'osais, à propos d'un homme aussi sérieux, parler de choses qui touchent à l'empire des rêves.

Mais pourquoi ne l'oserais-je pas? J'y songe bien, et je ne sens en moi aucune déviation du bon sens vers les illusions fantasques. Je n'ai rien trouvé de tel dans ce que David Richard m'a dit de la phrénologie et du magnétisme. Lui-même faisait la part des inductions hasardées et des conclusions excessives. Il s'occupait sérieusement de ce mode d'observations qui le conduisait à chercher la part de fatalité qui préside aux destinées humaines; mais ses tendances spiritualistes le tenaient dans le milieu rationnel et religieux qui doit nous faire rejeter l'idée d'une fatalité invincible.

Cette noble intelligence, après s'être adonnée avec ardeur à la poursuite de la fatalité d'organisation, s'arrêta donc au point où l'athéisme désespérant eût ébranlé une croyance moins réfléchie et un caractère moins aimant. Il ne se plongea dans la con-

naissance du mal que pour en chercher le remède.
Il ne vit l'homme incomplet que pour le plaindre,
et infirme que pour vouloir le guérir. Il se souvint
que l'espérance est une des trois vertus célestes,
et, au bord des abîmes du doute, il regarda en haut
et pria.

Ses amis s'effrayèrent de son enthousiasme tranquille et profond. Ils me prièrent souvent de le préserver, s'il m'était possible, de ses tendances au
mysticisme. Parmi ceux-là fut le docteur Gaubert,
qui devint mon ami autant que le docteur David
Richard : un homme de même trempe pour la vertu
et la bonté, mais d'un enthousiasme plus expansif
et d'un esprit plus absolu.

Je ne pense pas qu'il m'eût été possible de changer les convictions de Richard ; mais je ne l'essayai
pas, parce que je ne trouvai jamais son esprit en
péril sur ces questions ardues. Je crois, si j'ai bien
compris Gaubert (car Richard était réservé sur cette
matière), que la discussion roulait sur ce point
essentiel que j'ai indiqué : à savoir si la fatalité de
l'organisation était absolue ou accidentelle ; si la
volonté divine avait tracé d'avance à chaque créature le cercle de ses instincts et l'invincible loi de
sa perte ou de son salut en ce monde ; — ou si elle
avait permis que la volonté humaine fût ébranlée
par des troubles intérieurs d'une gravité plus ou
moins difficile, mais toujours possible à vaincre.

On a vu, au commencement de cet ouvrage,
que je penche vers cette dernière opinion. J'ai dit
que, selon moi, nous portions en nous le *tentateur*
éternel, mais que l'action divine, appelée la *grâce*
par les chrétiens, était en nous aussi pour nous
aider à combattre. J'étais donc plus près de l'opinion de Richard, qui croyait à la grâce, que de celle
de Gaubert, qui croyait seulement à de certaines
modifications phrénologiques apportées par le régime et l'éducation.

Je n'étais pas assez instruite, je ne le suis pas
encore assez pour me prononcer bien haut dans un
sens ou dans l'autre, vis-à-vis d'hommes qui ont
fait de ces questions la spécialité de leur vie. Mes
croyances, à moi, partent du sentiment avant tout,
et, pour ma gouverne, cela m'a toujours suffi. Je
ne trouvais donc entre ces deux chers et précieux
amis rien qui gênât mon esprit dans la route qui
lui était propre. Ils étaient d'accord pour signaler
des causes fatales de bien et de mal dans l'essence
même de chaque être. Ils différaient sur le plus ou
moins d'efficacité du remède. Richard, croyant
trouver en Dieu le remède souverain, ne s'arrêtait
peut-être pas au seuil du dogme catholique autant
que l'eût souhaité Gaubert, ennemi, comme moi,
du dogme des peines éternelles au delà de la vie,
et des peines absolues ici-bas, la flétrissure et la
mort, qui sont, dans nos législations, l'équivalent

de la damnation sans retour dans les idées religieuses.

Il me semblait que tous deux tendaient vers une vérité utile, l'un en voulant l'indulgence des lois pour le misérable, privé de la conscience de ses actions; l'autre en voulant faire agir la vertu et la foi sur l'âme égarée ou perverse.

Si la mort ne nous eût enlevé Gaubert au milieu de sa carrière, il eût abouti à quelque noble consécration de ses principes. Richard a poursuivi et complété la sienne en se vouant à la guérison de la démence. Il est médecin en chef de l'établissement de Stephansfeld, occupé à toute heure de chercher à calmer, à distraire, à consoler, à relever ses malheureux aliénés, et à ranimer en eux l'étincelle de la raison ou de la moralité.

Je ne sais pas ce que sont devenues ses opinions sur le magnétisme. Durant les années où nous avons pu ne pas nous perdre de vue, il s'adonnait beaucoup à l'étude de cette chose mystérieuse à laquelle Gaubert croyait d'une manière absolue. Ce dernier me fit voir des expériences qui me convainquirent pendant quelque temps; mais lui-même découvrit que nous avions été joués, et j'avoue que depuis des *tours* si bien *faits*, je suis devenue d'une méfiance fort difficile à guérir.

Il resta, lui, attaché à sa croyance jusqu'au dernier moment, avouant, comme son digne ami le docteur Frappart, qu'il n'avait jamais pu s'emparer d'un fait concluant, grâce aux charlatans et aux sycophantes qui s'étaient jetés sur la profession lucrative des *sujets magnétiques ;* mais protestant, au nom de la logique de la science, contre la nécessité du fait. J'avoue que c'est là pour moi une conclusion difficile à admettre. La science est, à cet égard, une chose si nouvelle que longtemps encore elle ne pourra être que la recherche des causes et de la nature de certains faits insolites. Si ces faits sont insaisissables, quelle loi de la nature nous commandera, au nom de la logique, de nous passer de cette preuve ? De ce que l'attraction gouverne un certain ordre de choses matérielles, résulte-t-il que la pensée humaine puisse s'isoler des fonctions de l'organisme et nous faire entrer dans le domaine des prestiges ?

J'y ai beaucoup pensé, sans la moindre prévention contraire, et même avec le violent désir, si naturel à l'imagination poétique, de sortir du monde positif et d'entrer dans une voie inconnue. J'ai trouvé beaucoup de charme à m'illusionner moi-même à un moment donné. Je trouve les savants officiels très-légers dans leur dédain pour tout examen attentif des phénomènes magnétiques. J'ai trouvé souvent fort mauvaises les raisons qu'ils donnaient pour se dispenser de cet examen. Mais je n'ai pas trouvé autre chose, et, en somme, je n'ai

pas de conviction motivée à faire valoir en faveur
du magnétisme, sous les diverses formes qu'il a
prises pour devenir un objet de commerce ou d'a-
musement, et bien moins depuis que les tables s'ef-
forcent de tourner que du temps où on ne leur demandait rien de semblable.

Cependant il y a un magnétisme dans l'être humain, comme il y a une fascination exercée par certains animaux sur d'autres espèces d'animaux pour
les attirer et les soumettre. Les grands orateurs,
les grands artistes, même des personnes vulgaires
douées d'une volonté tenace et irréfléchie, l'exercent
souvent sur certains de leurs semblables dont les
tendances extatiques se prêtent particulièrement à
la subir ; mais cette fascination est loin d'être absolue et irrésistible : elle échoue complétement sur un
grand nombre de sujets, au moment même où elle
en domine exclusivement quelques-uns. Et si elle
agit, de la part d'un homme supérieur, sur le grand
nombre, elle s'arrête toujours devant quelques individus récalcitrants.

C'est donc une puissance limitée, et qui pour se
développer a besoin du consentement d'autrui. Aucun homme ne vient au monde avec la faculté absolue de dominer son semblable. Dieu, qui ne lui en
a pas donné le droit, lui en refuse le pouvoir. Il y a
seulement, dans le plus ou moins d'ascendant que
nous pouvons prendre les uns sur les autres, une

intention providentielle de réserver l'autorité morale
à ceux qui en sont dignes.

Il y a aussi, dans la surexcitation des passions
comprimées, ou dans la force soutenue des grandes
affections, peut-être aussi dans la contention des
fortes intelligences, des faits de divination magnétique que le cœur et l'esprit ne se refusent pas à
admettre, tandis qu'ils repoussent avec dégoût les
révélations des jongleurs et la prescience des sibylles
de carrefour.

Enfin, je crois sérieusement à des *influences*. Je
ne sais pas qualifier autrement certaines dispositions
soudaines où nous placent, à notre insu, peut-être
à l'insu d'elles-mêmes, certaines personnes que nous
aimons ou qui nous déplaisent à première vue. Que
ce soit une impression reçue dans une existence
antérieure dont nous avons perdu le souvenir, ou
réellement un fluide qui émane d'elles, il est certain
que la rencontre de ces personnes nous est bienfai-
sante ou nuisible. Je ne crois pas que ces préventions soient imaginaires dans leurs causes, n'ayant
jamais vu qu'elles le fussent dans leurs effets. Je ne
parle pas des préventions légères, fantasques ou
préconçues. On fait fort bien de vaincre celles-là
dès qu'on les sent mal fondées; mais il en est de
bien sérieuses auxquelles on ne donne pas assez
d'attention, et qu'on se repent toujours d'avoir re-
poussées lorsqu'on avait la liberté d'agir.

Si c'est une superstition, j'ai celle-là, je l'avoue, et j'ai fait l'expérience d'aimer toute ma vie les gens que j'ai aimés en les voyant pour la première fois. Il en fut ainsi de David Richard, que je n'ai pas vu depuis plus de dix ans, et de mon pauvre Gaubert, que je ne verrai plus que dans une autre vie. Les voir était pour moi un véritable bien-être moral, que je ressentais, même d'une façon matérielle, dans l'aisance de ma respiration, comme s'ils eussent apporté autour de moi une atmosphère plus pure que celle dont j'étais nourrie à l'habitude. Ne plus les voir n'a presque rien ôté au bien-être intellectuel que m'apporte leur souvenir et au rassérénement qui se fait dans ma pensée quand je m'imagine converser avec eux.

C'est qu'il y a des âmes, je ne dirai pas faites les unes pour les autres, trop de dissemblances dans leurs facultés leur commandent de ne pas se jeter aveuglément dans le même chemin; mais des âmes qui se conviennent par quelque point essentiel et dominant. Gaubert me disait, dans sa langue phrénologique, que nous nous tenions par les protubérances de l'affectionnivité et de la vénération. Soit! Quand ces âmes se rencontrent, elles se devinent et s'acceptent mutuellement sans hésiter, elles se saluent comme de vieilles connaissances; elles n'ont rien à se révéler de nouveau, et pourtant elles se délectent dans l'entretien l'une de l'autre, comme si elles se retrouvaient après une longue séparation.

La femme admirable et infortunée dont j'ai parlé dans les pages précédentes demandait au ciel des saints et des anges sur la terre. Je me souviens de lui avoir dit souvent qu'il y en avait, mais que nous n'avions pas toujours le sens divin qui les fait reconnaître sous l'humble forme et parfois sous le pauvre habit qui les déguisent. Nous avons de l'imagination, nous cherchons le prestige. La beauté, le charme, l'esprit, la grâce, nous enivrent, et nous courons après de trompeurs météores sans nous douter que les vrais saints sont plus souvent cachés dans la foule que placés sur le piédestal. Et puis, quand nous avons suivi ces belles lumières qui attirent comme les feux follets, elles s'éteignent tout à coup, et avec elles l'enthousiasme qu'elles nous inspiraient. Ces erreurs-là s'appellent quelquefois passions. Les vrais saints ne fanatisent pas ainsi. Ils n'inspirent que des sentiments doux et angéliques comme eux-mêmes. Ils sont trop modestes pour vouloir entraîner ou éblouir. Ils ne troublent pas le cerveau, ils ne tourmentent pas le cœur. Ils sourient et bénissent. Heureux l'instinct qui les découvre et le jugement qui les apprécie !

Des saints et des anges ! Et pourquoi ne voulons-nous pas comprendre que ces beaux êtres fantastiques sont déjà de ce monde à l'état latent, comme

le papillon splendide dans sa pauvre larve ? Ils n'ont
ni rayons de feu ni ailes d'or pour se distinguer des
autres hommes. Ils n'ont pas même toujours les
beaux yeux profonds et lumineux qui éclairaient la
figure pâle de mon bon Gaubert. Ils ne sont ni re-
marqués ni admirés dans le monde. Ils ne brillent
nulle part, ni sur des chevaux rapides, ni aux avant-
scènes des théâtres, ni dans les salons, ni dans les
académies, ni dans le forum, ni dans les cénacles.
S'ils eussent vécu sous Tibère, ils n'eussent brillé
qu'aux arènes, en qualité de martyrs, comme tant
d'autres fidèles serviteurs de Dieu, dont on n'eût
jamais entendu parler si l'occasion d'un grand acte
de foi ne se fût rencontrée pour envoyer aux archi-
ves du ciel les noms sacrés de ces victimes obscures,
la splendeur de ces vertus ignorées.

Des saints et des anges ! Oui, à mes yeux, Gaubert était un saint et Richard un ange : celui-ci
paisible et nageant sans trouble et sans effroi dans
son rayonnement intérieur ; celui-là, plus agité,
plus impatient, exhalant de brûlantes indignations
contre la folie ou la perversité, qu'il comprenait
d'autant moins qu'il les étudiait davantage.

Gaubert m'inspirait une tendresse véritable, parce
qu'il l'éprouvait pour moi. Quoiqu'il n'eût qu'une
dizaine d'années de plus que moi, sa tête chauve,
ses joues creuses, sa débile santé et, plus que tout
cela, l'austérité naïve de sa vie et de ses idées, le

vieillissaient de vingt ans à mes yeux et à ceux de
ses autres amis. C'était le type du vertueux et tendre
père, sévère et absolu dans ses théories, indulgent
jusqu'à la *gâterie* dans la pratique des affections.
J'ai pleuré sa mort, non pas seulement par respect
et par attendrissement, mais par égoïsme de cœur.
Il nous avait pourtant dit cent fois à tous qu'il ne
fallait pas pleurer les morts chéris, mais bien plutôt
remercier Dieu de les avoir appelés à lui, et pousser
le dévouement au delà de la tombe, jusqu'à se ré-
jouir de les savoir en possession de leur récompense.
Il avait raison, mais les entrailles ne raisonnent
pas, et si je l'ai amèrement regretté, c'est sa faute.
Il s'était rendu trop nécessaire à moi. Je voyais en
lui un refuge contre tous les découragements et
toutes les langueurs de la volonté, une loi vivante
du devoir avec les suavités de la prédication enthousiaste, et ces douceurs de la sollicitude paternelle
qui pénètrent et consolent. Les saints farouches et
ascétiques frappent l'imagination ou éveillent l'orgueil qu'on appelle émulation. Ils n'agissent donc
que sur de nobles orgueilleux de leur trempe. Les
saints doux et tendres attirent davantage, et, pour
mon compte, je n'aime que ceux-ci.

J'aurai à reparler de Gaubert et du bon frère qui
lui a survécu, dans la suite de mon histoire. Il me
reste à dire, à propos de Richard et du magnétisme,
une particularité que je ne prétends pas expliquer.

Je suis un sujet très-rebelle, je crois à l'influence magnétique directe. Je ne sais si l'on pourrait m'endormir. On ne me ferait pas rêver pour cela, je pense. Et quand je rêverais tout haut, cela ne prouverait pas plus que de la part de ceux qui prophétisent au hasard et dont le hasard justifie les prédictions. Les passes magnétiques m'irritent les nerfs et m'impatientent. Bref, je ne crois pas plus au fluide qui du creux de la main de l'un se communique au cerveau d'un autre qu'à celui qui du bout des doigts va chercher l'âme d'une table ou d'un chapeau.

Mais l'influence extraordinaire que la seule présence d'une personne sympathique ou antipathique peut exercer sur le système nerveux, je l'ai éprouvée et suis forcée d'y croire. L'antipathie peut même n'être que physique et rester inexplicable. Je l'ai ressentie dans les violentes migraines dont j'ai été si longtemps affectée. La seule rencontre de certaines personnes que je ne haïssais pas pour cela, et qui ne me causaient même nul ennui, m'amenait instantanément une crise ou un redoublement insupportable, et quand ces affreuses douleurs m'ont reprise tout à coup en les revoyant, à l'insu de ma mémoire, et de mon imagination par conséquent, j'ai été forcée de croire que le fluide y était pour quelque chose.

Le seul fluide curatif que j'aie rencontré est celui

de Richard. Trois ou quatre fois la migraine ou les douleurs du foie m'ont quittée au bout de quelques instants de sa présence, et même à sa seule apparition dans la chambre où je me trouvais. Ce ne fut point du tout l'affaire de sa volonté ni celle de mon imagination. L'imagination, quoi qu'on en dise, n'agit pas à l'insu d'elle-même dans les têtes lucides.

Je laisse ce fait pour ce qu'il est ; mais je reste persuadée que certains individus peuvent agir sur certains autres par autre chose que le sentiment, l'imagination ou les sens. Je dis donc que c'est par le fluide, puisque c'est un mot consacré. Je crois qu'on peut toujours combattre l'excès de cette influence si elle est mauvaise, mais qu'on ne doit pas la nier légèrement et sans examen. Elle ne paraît mystérieuse que parce qu'elle n'a pas trouvé une explication nette et claire.

Je m'excuserai d'avoir insisté sur un fait puéril qui m'est tout personnel, en concluant ainsi : — Il est facile de passer à travers les préoccupations du monde et du temps où l'on existe, en rejetant brusquement ce qui choque les instincts, ou en acceptant, avec une précipitation aveugle, ce qui les flatte. Moi, qui crois devoir rendre compte, le plus impartialement possible, non pas de tout ce qui a été discuté autour de moi (je n'ai pas la connaissance suffisante), mais de l'impression que j'en ai reçue, je

n'ai pas voulu parler du mystère électro-magnéti-
que avec une complète irrévérence, et sans apporter
mon petit fait d'expérience personnelle à l'appui de
ce qu'il peut ou de ce qu'il doit y avoir de sérieux
dans l'objet de cette recherche.

Au reste, je n'attache pas à mon opinion plus
d'importance qu'elle n'en mérite. Si j'en dois compte
au public, c'est surtout parce que dans divers ouvrages j'ai permis à ma fantaisie de s'égarer dans
un monde qui était de son domaine et dont la peinture ne tire pas à conséquence dans les romans. Je
dois faire bon marché du merveilleux que je me
suis assimilé dans l'occasion sans scrupule. Les romans ont ce bon côté d'être une sorte d'histoire
libre de ce qui se passe, à un moment donné, de
dramatique ou de riant, de poétique ou de sérieux
dans les cervelles humaines. L'historien est forcé de
tout juger. Le conteur est plus libre et peut subir,
sans remords, les influences passagères de son imagination; il sait qu'elles ne peuvent égarer personne dans une fiction, et que si on les examine
plus tard à un point de vue historique, on y trouve
toujours cette sorte d'enseignement qui consiste à
apprécier le plus ou moins d'intensité des émotions
que son époque lui a communiquées en les ressentant
elle-même. Le second volume de *Wilhem Meister*,
qui semble ne plus se passer dans le monde de la
réalité, est très-intéressant à étudier, comme révé-

lation du monde d'aperçus nouveaux que Goëthe, personnifiant alors l'Allemagne pensante ou rêveuse, portait en lui-même; ceci soit dit sans impertinente comparaison entre Goëthe et l'écrivain de ces humbles pages.

Quant à des conclusions *concluantes* sur le goût du merveilleux que le magnétisme a introduit dans le monde, nous n'y sommes pas encore, et il faudra du temps à la science pour les prononcer avec fruit. Ne dût-il rester de ces débats que certains ouvrages, ou la place qu'ils ont prise dans certains ouvrages, ils auront servi à soulever une foule de questions d'un intérêt réel et à exercer l'esprit humain aux luttes du progrès.

Pour mon compte, après m'être tourmentée quelque temps de ces problèmes, je suis arrivée à comprendre qu'il n'y avait pas grande honte à ne pouvoir pas les trancher. Chaque siècle a les siens, et ce n'est pas en philosophie et en politique que l'on rencontre les moindres. Chaque siècle est donc arrêté en sa route par des questions ardues dans tous les genres, et ceux qui se hâtent de les résoudre regrettent souvent, sur leurs vieux jours, de s'être prononcés prématurément, en se voyant démentis par des certitudes acquises, ou tout au moins par des probabilités très-graves. On a le travers de ne jamais oser dire : *Je ne sais pas.* On craint de passer pour ignorant ou paresseux On peut bien n'être ni l'un ni l'autre, et sentir que l'on n'est pas plus fort que son époque.

Il est vrai que, si l'on avouait naïvement tout ce que l'on ne sait pas, on ne parlerait guère et on écrirait encore moins.

Ce qui m'est resté, quant à moi, de tout ce que j'ai entendu dire sur certains sujets très-spécieux, c'est que les gens de cœur et d'intelligence qui cherchaient sincèrement la lumière la faisaient luire autour d'eux sur d'autres sujets plus importants. Ainsi Richard, en étudiant la boîte osseuse du crâne humain, arrivait à éclairer l'esprit humain des lueurs de sa douce raison et de sa charité fervente. Gaubert, en me promenant à travers les catacombes pendant des journées entières, me parlait de la vie et de la mort en métaphysicien convaincu et en vrai philosophe.

CHAPITRE SIXIÈME

Sainte-Beuve. — Luigi Calamatta. — Gustave Planche. — Charles Didier. — Pourquoi je ne parle pas de certains autres.

Je ne crois pas interrompre l'ordre de mon récit en consacrant encore quelques pages à mes amis. Le monde de sentiment et d'idées où ces amis me firent pénétrer est une partie essentielle de ma véritable histoire, celle de mon développement moral et intellectuel. J'ai la conviction profonde que je dois aux autres tout ce que j'ai acquis et gardé d'un peu bon dans l'âme. Je suis venue sur la terre avec le goût et le besoin du vrai ; mais je n'étais pas une assez puissante organisation pour me passer d'une éducation conforme à mes instincts, ou pour la trouver toute faite dans les livres. Ma sensibilité avait besoin surtout d'être réglée. Elle ne le fut guère : les amis éclairés, les sages conseils vinrent un peu trop tard, et quand le feu avait trop longtemps couvé sous la cendre pour être étouffé facilement. Mais cette sensibilité douloureuse fut souvent calmée et toujours consolée par des affections sages et bienfaisantes.

Mon esprit, à demi cultivé, était à certains égards
une table rase, à d'autres égards une sorte de chaos.
L'habitude que j'ai d'écouter, et qui est une grâce
d'état, me mit à même de recevoir de tous ceux qui
m'entourèrent une certaine somme de clarté et beaucoup de sujets de réflexion. Parmi ceux-là, des
hommes supérieurs me firent faire assez vite de
grands pas, et d'autres hommes, d'une portée moins
saisissante, quelques-uns même qui paraissaient or-
dinaires, mais qui ne furent jamais tels à mes yeux,
m'aidèrent puissamment à me tirer du labyrinthe
d'incertitudes où ma contemplation s'était longtemps
endormie.

Parmi les hommes d'un talent apprécié, M. de
Sainte-Beuve, par les abondantes et précieuses ressources de sa conversation, me fut très-salutaire,
en même temps que son amitié, un peu susceptible,
un peu capricieuse, mais toujours précieuse à retrouver, me donna quelquefois la force qui me manquait vis-à-vis de moi-même. Il m'a affligé profondément par des aversions et des attaques acerbes
contre des personnes que j'admirais et que je res-
pectais; mais je n'avais ni le droit ni le pouvoir de
modifier ses opinions et d'enchaîner ses vivacités de
discussion; et comme, vis-à-vis de moi, il fut toujours généreux et affectueux (on m'a dit qu'il ne
l'avait pas toujours été en paroles, mais je ne le crois
plus); comme d'ailleurs il m'avait été secourable

avec sollicitude et délicatesse dans certaines détres-
ses de mon âme et de mon esprit, je regarde comme
un devoir de le compter parmi mes éducateurs et
bienfaiteurs intellectuels.

Sa manière littéraire ne m'a pourtant pas servi
de type, et dans des moments où ma pensée éprouvait le besoin d'une expression plus hardie, sa forme
délicate et adroite m'a paru plus propre à m'empé-
trer qu'à me dégager. Mais quand les heures de
fièvre sont passées, on revient à cette forme un peu
vanlotée, comme on revient à Vanloo lui-même,
pour en reconnaître la vraie force et la vraie beauté
à travers le caprice de l'individualité et le cachet
de l'école; sous ces mièvreries souriantes de la recherche, il y a, quand même, le génie du maître.
Comme poëte et comme critique, Sainte-Beuve est
un maître aussi. Sa pensée est souvent complexe,
ce qui la rend un peu obscure au premier abord;
mais les choses qui ont une conscience réelle valent
qu'on les relise, et la clarté est vive au fond de
cette apparente obscurité. Le défaut de cet écrivain
est un excès de qualités. Il sait tant, il comprend si
bien, il voit et devine tant de choses, son goût est
si abondant et son objet le saisit par tant de côtés
à la fois, que la langue doit lui paraître insuffisante
et le cadre toujours trop étroit pour le tableau.

A mes yeux, il était dominé par une contradiction nuisible, je ne dirai pas à son talent, il a bien

prouvé que son talent n'en a pas souffert, mais à
son propre bonheur. J'entends par ce mot de bonheur, non pas une rencontre ou une réunion de faits
qu'il n'est au pouvoir d'aucun homme de faire sur-
gir et de gouverner, mais une certaine source de foi
et de sérénité intérieure qui, pour être intermittente
et souvent troublée par le contact des choses extérieures, n'en est pas moins intarissable au fond de
l'âme. Le seul bonheur que Dieu nous ait accordé
et dont on puisse oser, sans folie, lui demander la
continuation, c'est de sentir qu'au milieu des acci-
dents et des catastrophes de la vie commune, on
est en possession de certaines joies intimes et pures
qui sont bien l'idéal de celui qui les savoure. Dans
l'art comme dans la philosophie, dans l'amour
comme dans l'amitié, dans toutes ces choses abs-
traites dont les événements ne peuvent nous ôter le
sentiment ou le rêve, l'âge ou l'expérience préma-
turée nous apportent ce bienfait de nous mettre
d'accord, un jour ou l'autre, avec nous-mêmes.

Probablement ce jour est venu pour Sainte-Beuve;
mais je l'ai vu longtemps aussi tourmenté que je
l'étais alors, quoiqu'il eût infiniment plus de science,
de raison et de force défensive contre la douleur.
Il enseignait la sagesse avec une éloquence convain-
cante, et il portait cependant en lui le trouble des
âmes généreuses inassouvies.

Il me semblait alors qu'il voulait résoudre le pro-

blème de la raison en le compliquant. Il voyait le
bonheur dans l'absence d'illusions et d'entraîne-
ment; et puis, tout aussitôt, il voyait l'ennui, le
dégoût et le spleen dans l'exercice de la logique
pure. Il éprouvait le besoin des grandes émotions;
il convenait que s'y soustraire par crainte du désen-
chantement est un métier de dupe, puisque les petites émotions inévitables nous tuent en détail;
mais il voulait gouverner et raisonner les passions
en les subissant. Il voulait qu'on pardonnât aux
illusions de ne pouvoir pas être complètes, oubliant,
ce me semble, que si elles ne sont pas complètes,
elles ne sont pas du tout, et que les amis, les
amants, les philosophes qui voient quelque chose à
pardonner à leur idéal ne sont déjà plus en possession de la foi, mais qu'ils sont tout simplement dans
l'exercice de la vertu et de la sagesse.

Croire ou aimer par devoir m'a toujours révoltée
comme un paradoxe. On peut agir dans le fait
comme si on croyait ou comme si on aimait : voilà,
en certains cas, le devoir. Mais du moment qu'on
ne croit plus à l'idée ou qu'on n'aime plus l'*être,*
c'est le devoir seul que l'on suit et que l'on aime.

Sainte-Beuve avait bien trop d'esprit pour se poser
de la sorte une prescription impossible ; mais quand
il arrivait à philosopher sur la pratique de la vie,
je ne sais si je me trompais, mais je croyais le voir
tourner dans ce cercle infranchissable.

En résumé, trop de cœur pour son esprit et trop
d'esprit pour son cœur, voilà comment je m'expliquai cette nature éminente, et, sans oser affirmer
aujourd'hui que je l'aie bien comprise, je m'imagine
toujours que ce résumé est la clef de ce que son
talent offre d'original et de mystérieux. Peut-être
que si ce talent se fût laissé être faible, maladroit
et fatigué à ses heures, il aurait pris des revanches
d'autant plus éclatantes ; mais il n'a pas consenti à
être inégal, et il s'est maintenu excellent. Ceux qui
ont entrevu dans un artiste quelque chose de plus
ému et de plus pénétrant que ce qu'il a consenti à
exprimer dans son œuvre générale se permettent
quelque regret. Ils ont eu pour cet artiste plus d'ambition qu'il ne s'en est permis à lui-même. Mais le
public n'est pas obligé de savoir que les œuvres qui
le charment et l'instruisent ne sont souvent que le
débordement d'un vase qui a retenu le plus précieux
de sa liqueur. C'est d'ailleurs un peu notre histoire
à tous. L'âme renferme toujours le plus pur de ses
trésors comme un fonds de réserve qu'elle doit rendre à Dieu seul, et que les épanchements des tendresses intimes font seuls pressentir. On est même
effrayé quand le génie réussit à se produire tout entier sous une forme arrêtée ; on craint qu'il ne se
soit épuisé dans cet effort suprême, car l'impuissance de se manifester complétement est un bienfait
du ciel envers l'humaine faiblesse, et si l'on pouvait

exprimer l'aspiration infinie, elle cesserait peut-être aussitôt d'exister.

Le hasard d'un portrait que Buloz fit graver pour mettre en tête d'une de mes éditions me fit connaître Calamatta, graveur habile et déjà estimé, qui vivait pauvrement et dignement avec un autre graveur italien, Mercuri, à qui l'on doit, entre autres, la précieuse petite gravure des *Moissonneurs* de Léopold Robert. Ces deux artistes étaient liés par une noble et fraternelle amitié. Je ne fis que voir et saluer Mercuri, dont le caractère timide ne pouvait guère se communiquer à ma propre timidité. Calamatta, plus Italien dans ses manières, c'est-à-dire plus confiant et plus expansif, me fut vite sympathique, et peu à peu notre mutuelle amitié s'établit pour toute la vie.

J'ai rencontré en vérité peu d'amis aussi fidèles, aussi délicats dans leur sollicitude et aussi soutenus dans l'agréable et saine durée des relations. Quand on peut dire d'un homme qu'il est un ami *sûr*, on dit de lui une grande chose, car il est rare de ne rencontrer chez une personne aimable et enjouée aucune légèreté, et chez une personne sérieuse aucune pédanterie. Calamatta, aimable compagnon dans le rire et dans le mouvement de la vie d'artiste, est un esprit sérieux, recueilli et juste que l'on trouve toujours dans une bonne et sage voie d'appréciation des choses de sentiment. Beaucoup de

caractères charmants comme le sien inspirent la
confiance, mais peu la méritent et la justifient
comme lui.

La gravure est un art sérieux en même temps
qu'un métier dur et assujettissant, où le procédé,
ennemi de l'inspiration, peut s'appeler réellement
le génie de la patience. Le graveur doit être habile
artisan avant de songer à être artiste. Certes, la
partie du métier est immense aussi dans la peinture,
et dans la peinture murale particulièrement elle se
complique de difficultés formidables. Mais les émotions de la création libre, du génie, qui ne relève
que de lui-même, sont si puissantes, que le peintre
a des jouissances infinies. Le graveur n'en connaît
que de craintives, car ses joies sont troublées justement par l'appréhension de se laisser prendre à
l'envie de devenir créateur lui-même.

J'ai entendu discuter beaucoup cette question-ci,
à savoir : si le graveur doit être artiste comme Éde-
linc et Bervic ou comme Marc-Antoine et Audran :
c'est-à-dire s'il doit copier fidèlement les qualités et
les défauts de son modèle, ou s'il doit copier libre-
ment en donnant essor à son propre génie ; en un
mot, si la gravure doit être l'exacte reproduction ou l'ingénieuse interprétation de l'œuvre des
maîtres.

Je ne me pique de trancher aucune question difficile, surtout en dehors de mon métier à moi ; mais

il me semble que celle-ci est la même qu'on peut appliquer à la traduction des livres étrangers. Pour ma part, si j'étais chargée de ce soin et qu'il me fût permis de choisir, je ne choisirais que des chefs-d'œuvre, et je me plairais à les rendre le plus servilement possible, parce que les défauts des maîtres sont encore aimables ou respectables. Au contraire, si j'étais forcée de traduire un ouvrage utile, mais obscur et mal écrit, je serais tentée de l'écrire de mon mieux, afin de le rendre aussi clair que possible ; mais il est bien probable que l'auteur vivant me saurait très-mauvais gré du service que je lui aurais rendu, car il est dans la nature des talents incomplets de préférer leurs défauts à leurs qualités.

Ce malheur d'avoir trop bien fait doit arriver aux graveurs qui interprètent, et il n'y a peut-être qu'un peintre de génie qui puisse pardonner à son copiste d'avoir eu plus de talent que lui.

Cependant, si l'on admettait en principe que tout graveur est libre d'arranger à sa guise l'œuvre qu'il reproduit, et pour peu que la mode encourageât cette licence, où s'arrêterait-on, et où serait le caractère utile et sérieux de cet art, dont le premier but est non-seulement de répandre et de populariser l'œuvre de la peinture, mais encore de conserver intacte à la postérité la pensée des maîtres, à travers le temps et les événements qui détruisent les originaux ?

Il faut que chaque science, chaque art, chaque
métier même ait sa doctrine. Rien n'existe sans une
pensée dominante où le travail se rattache, où la
volonté se maintient consciencieuse. Dans les épo-
ques de décadence où chacun fait à sa guise, sans
respect pour rien ni personne, les arts déclinent et
périssent.

La gravure est donc un état de sujétion et de
dépendance qu'il serait imprudent de vouloir affran-
chir de ses entraves naturelles. Sans doute, l'homme
intelligent qui accepte, en vue des besoins de son
existence, la tâche de reproduire une œuvre mé-
diocre, doit être vivement tenté de corriger sur sa
planche les défauts du modèle, de modifier un effet
triste ou pauvre pour le rendre puissant ou piquant,
d'accentuer un dessin mou et froid, d'adoucir un
dessin brutal, d'idéaliser une expression vulgaire,
d'ennoblir un sentiment trivial ; mais l'artiste qu'il
interprétera ainsi aura le droit de s'opposer à cette
traduction libre, et, s'il a tort en fait, il aura toujours raison en théorie, car, au lieu d'un traduc-
teur intelligent, il peut s'en trouver dix qui ne le
soient pas, et qui gâtent en croyant améliorer.

D'ailleurs, le public est là qui demande l'œuvre
qu'il connaît et la pensée qu'il a jugée. Depuis l'artiste curieux qui veut étudier le moindre détail,
jusqu'à l'historien qui réclame l'expression d'une
époque dans toutes les productions que cette époque

a laissées, le consommateur intelligent de cette publication exige une traduction fidèle et littérale.

C'est donc un peu tant pis pour les graveurs très-
artistes. Toute leur science, en tant que graveurs,
doit consister à chercher des procédés pour rendre
agréablement et clairement les procédés de la peinture ; mais s'ils veulent inventer, on est en droit de
leur dire (et quelquefois c'est grand dommage) :
« Inventez pour vous-mêmes et par vous-mêmes,
comme ont fait certains maîtres à la fois peintres et
graveurs, qui ont répandu par la gravure leurs
propres idées. »

Remarquons pourtant que ces maîtres (Rem-
brandt, par exemple) n'ont jamais ou presque jamais gravé leurs tableaux, et que c'est toujours ou
presque toujours sur des dessins *ad hoc* qu'ils ont
travaillé en qualité de graveurs. Ils ont donc entrevu
et rencontré devant cette traduction une difficulté
immense, insurmontable peut-être pour le génie
créateur, et ils ont dû laisser à des graveurs proprement dits, c'est-à-dire à des hommes qui avaient
consacré la moitié de leur vie à l'étude des procédés,
le soin de répandre leurs œuvres capitales.

Calamatta, après avoir soulevé et retourné ces
considérations dans sa pensée, se renferma dans
une idée où il trouva au moins une certitude absolue : c'est qu'il faut savoir très-bien dessiner pour
savoir bien copier, et que qui ne le sait pas ne

12.

comprend pas ce qu'il voit et ne peut pas le rendre, quelque effort d'attention et de volonté qu'il y apporte. Il fit donc des études sérieuses en s'essayant à dessiner des portraits d'après nature, en même temps qu'il poursuivait ces travaux de burin qui prennent des années. Calamatta a travaillé sept ans de suite au *Vœu de Louis XIII* de M. Ingres.

On lui doit quelques portraits remarquables qu'il a répandus par la gravure après les avoir dessinés lui-même, entre autres celui de M. Lamennais, dont la ressemblance est fidèle et dont l'expression est saisissante.

Mais le talent vraiment supérieur de Calamatta est dans la copie passionnément minutieuse et consciencieuse des maîtres anciens. Il a consacré le meilleur de sa volonté à reproduire la *Joconde* de Léonard de Vinci, dont il termine la gravure peut-être au moment où j'écris, et dont le dessin m'a paru un chef-d'œuvre. Ce type, réputé si difficile à reproduire, cette figure de femme d'une beauté si mystérieuse, même pour ses contemporains, et que le peintre estima miraculeuse à saisir dans son expression, méritait de rester à jamais dans les arts. Le fugitif sourire de la Joconde, ce rayonnement divin d'une émotion inconnue, un grand génie a su le fixer sur la toile, arrachant ainsi à l'empire de la mort un éclair de cette vie exquise qui fait la beauté exquise; mais le temps détruit les belles toiles aussi fatalement (quoique plus tardivement) qu'il détruit les beaux corps. La gravure conserve et immortalise. Un jour elle seule restera pour attester que les maîtres et les femmes ont vécu, et tandis que les ossements des générations ne seront plus que poussière, la triomphante Joconde sourira encore, de son vrai et intraduisible sourire, à de jeunes cœurs amoureux d'elle.

Parmi ceux de mes amis qui m'ont enseigné par l'exemple soutenu (la meilleure des leçons) qu'il faut étudier, chercher et vouloir toujours aimer le travail plus que soi-même, et n'avoir pour but dans la vie que de laisser après soi le meilleur de sa propre vie, Calamatta est aux premiers rangs, et, à ce titre, il garde dans mon âme une bonne part de ce respect qui est la base essentielle de toute amitié durable.

Je dois aussi une reconnaissance particulière, comme artiste, à M. Gustave Planche, esprit purement critique, mais d'une grande élévation. Mélancolique par caractère et comme rassasié en naissant du spectacle des choses humaines, Gustave Planche n'est cependant pas un esprit froid ni un cœur impuissant; mais une tension contemplative, trop peu accessible aux émotions variées et au laisser aller de l'imprévu dans les arts, concentra le rayonnement de sa pensée sur un seul point fixe. Il ne voulut longtemps admettre, comprendre et sentir le beau

que dans le grand et le sévère. Le joli, le gracieux
et l'agréable lui devinrent antipathiques. De là une
injustice réelle dans plusieurs faits d'appréciation
qui lui fut imputée à mauvaise humeur, à parti pris,
bien qu'aucune critique ne soit plus intègre et plus
sincère que la sienne.

Aussi nul critique n'a soulevé plus de colères et
attiré sur lui plus de vengeances personnelles. Il
endura le tout avec patience, poursuivant ses *exécutions* sous une apparente impassibilité. Mais c'était
là un rôle que sa force intérieure n'acceptait pas
réellement. Cette hostilité, qu'il avait provoquée,
le faisait souffrir; car le fond de son caractère est
plus bienveillant que sa plume, et si l'on y faisait
bien attention, on verrait que cette forme cassante
et absolue ne couvre pas les ménagements caracté-
ristiques de la haine. Une discussion douce le ramène
facilement, ou, du moins, le ramenait alors, des
excès de sa propre logique. Il est vrai qu'en repre-
nant la plume, entraîné par je ne sais quelle fatalité
de son talent, il achevait de briser ce qu'il s'était
peut-être promis de ménager.

J'aurais complétement accepté ce caractère avec
tous ses inconvénients et tous ses dangers si j'avais
trouvé juste et concluant le point de vue où il se
plaçait en tant que critique. La différence de mon
sentiment sur les œuvres d'art que je défendais
quelquefois contre ses anathèmes ne m'eût pas em-

péchée de regarder la sobriété et la sévérité de ses
appréciations comme des effets utiles de ses convictions raisonnées.

Mais ce que je n'approuvais pas, et ce que j'ai
approuvé de moins en moins, même chez mes amis,
dans l'exercice de la critique en général, c'est le
ton hautain et dédaigneux, c'est la rudesse des formes, c'est, en un mot, le sentiment qui préside
parfois à cet enseignement et qui en dénature le but
et l'effet. Je trouvais Planche d'autant plus dans
l'erreur sur ce point, que son sentiment n'était
égaré par aucune personnalité méchante, envieuse
ou vindicative. Il parlait de tous les vivants, au
contraire, avec une grande sérénité, et même, dans
la conversation, il leur rendait beaucoup plus de
justice ou montrait pour eux beaucoup plus d'indulgence qu'il ne voulait en faire paraître en écrivant. C'était donc évidemment le résultat d'un
système et d'une croyance qui pouvaient être respectables, mais dont le résultat n'était pas bien-
faisant.

Si la critique est ce qu'*elle doit être, un enseignement*, elle doit se montrer douce et généreuse, afin
d'être persuasive. Elle doit ménager surtout l'amour-
propre, qui, durement froissé en public, se révolte
naturellement contre cette sorte d'insulte à la personne. On aura beau dire que la critique est libre
et ne relève que d'elle-même : toutes choses relèvent

de Dieu, qui a fait de la charité le premier de nos
devoirs et la plus forte de nos armes. Si les critiques
qui nous jugent sont plus forts que nous (ce qui
n'arrive pas toujours), nous le sentirons aisément
à leur indulgence, et les conseils, enveloppés de ces
explications modestes qui *prouvent*, ont une valeur
que la raillerie et le dédain n'auront jamais.

Je ne pense pas qu'il faille céder à la critique,
même la plus aimable, quand elle ne nous persuade
pas ; mais une critique élevée, désintéressée, noble
de sentiments et de formes, doit nous être toujours
utile, même quand elle nous contredit ouvertement.
Elle soulève en nous-mêmes un examen nouveau et
une discussion approfondie qui ne peuvent nous être
que salutaires. Elle doit donc nous trouver recon-
naissants quand son but est bien visiblement d'instruire le public et nous-mêmes.

C'était là certainement le but de Gustave Planche ;
mais il n'en prenait pas le moyen. Il blessait la personnalité, et le public, qui s'amuse de ces sortes de
scandales, ne les approuve pas au fond. Du moment,
d'ailleurs, qu'il aperçoit ou croit apercevoir la passion au fond du débat, il ne juge plus que la passion,
et oublie de juger l'œuvre qui en a soulevé les
orages.

La connaissance générale, le goût et l'intelligence
des arts ne gagnent donc rien à ces querelles, et
l'instruction véritable que le beau savoir et le beau

style de Gustave Planche eussent dû répandre en a
été moindre.

Il n'est pas le seul à qui ce malheur soit arrivé.
Par son caractère personnel, il l'a peut-être moins
mérité qu'un autre : par la rudesse de son langage
et la persistance de ses impitoyables conclusions, il
s'y est exposé davantage.

Le reproche que je me permets de lui adresser est
bien désintéressé, à coup sûr, car personne ne m'a
plus constamment soutenue et encouragée.

En outre, j'ai une prédilection très-grande pour
les côtés élevés et tranchés de ce jugement véritablement éclairé de haut, à plusieurs égards, en
peinture et en musique particulièrement. Je le trouve
moins juste en littérature. Il n'a pas accepté des
talents que le public a acceptés avec raison. Il s'est
peut-être roidi, dans sa conscience austère, contre
l'inintelligence générale des engouements, jusqu'à
dépasser son but et à se sentir mal disposé même
pour les succès mérités.

Quoi qu'il en soit, il a montré un grand courage
moral : si grand, qu'il y en a à le dire et à défendre l'homme, son talent et sa droiture contre
les inimitiés que lui a attirées le ton acerbe de
sa critique.

Lui-même, dès ses premiers pas dans la carrière,
a posé sa doctrine avec la rigueur d'un esprit absolu :
« L'art est malade, écrivait-il en 1831. Il faut le

» traiter comme tel, le consoler et l'encourager
» comme le doit faire tout habile médecin. Il faut
» rapprocher en espérance le terme de sa guérison.
» Mais pour que le sort ne se joue pas de nos espé-
» rances, il faut un régime sévère au malade, un
» travail opiniâtre et une critique consciencieuse.....
» Il faut aider de toutes ses forces, et par tous les
» moyens qui sont à la disposition de l'intelligence,
» l'éducation du goût public..... J'ai voulu faire sur
» l'art des remarques qui pussent profiter aux ar-
» tistes. Où est ma mission? Est-ce folie et vanité?
» Peut-être bien! Allez dire aux peintres et aux
» statuaires d'écrire sur les œuvres de leurs con-
» temporains! Ils craindraient trop l'accusation de
» jalousie ou d'envie, et la perte inévitable de toutes
» leurs amitiés. »

Puis, comme si cet explorateur, résolu à brûler
ses vaisseaux, avait la conscience de sa propre rudesse unie à la rudesse de sa tâche, il s'écrie, en
terminant ce premier ouvrage sur la peinture :
.... « Je ne puis me défendre d'une amère tristesse.
» A quoi serviront les milliers de paroles que, depuis
» trois mois, j'arrange et je distribue suivant la
» mesure de mon adresse, que j'essaye d'assouplir
» et de modeler sur mes pensées si fugitives et si
» souvent insaisissables, si vraies, si évidentes, si
» pleines de conviction pour moi-même à l'heure de
» leur naissance, et si souvent fausses, exagérées,

» quand elles sont descendues de mes lèvres sur le
» papier ?.....

» Que ceux qui ont pu blâmer le ton leste et
» dédaigneux, parfois amer et incisif, qui règne
» dans cet ouvrage, si c'en est un, réfléchissent un
» instant et rentrent en eux-mêmes. Qu'ils fouillent
» dans leur mémoire et qu'ils se demandent com-
» bien de fois, pour transmettre leurs pensées de
» tous les jours, pour faire comprendre les passions
» qu'ils avaient dans le cœur, combien de fois ils
» ont trouvé la parole sincère et fidèle; qu'ils osent
» compter les tours indignes qu'elle leur a si sou-
» vent joués, les trahisons sans nombre dont ils ont
» été victimes, et qu'ils viennent ensuite me repro-
» cher le mensonge ou la ruse !

» Est-ce à moi qu'il faut s'en prendre? Est-ce
» ma faute si la vérité, à laquelle ma foi s'engage,
» s'altère et se mutile pour arriver jusqu'au lec-
» teur? Faut-il me blâmer si parfois d'impérieuses
» nécessités me condamnent à dire plus ou moins
» que je ne voudrais dire, sous peine de n'être pas
» compris? »

Ces pages sont fort curieuses en ce qu'elles semblent être la critique du critique faite par lui-même.
On y sent une grande noblesse d'intention avec une
sorte d'émotion douloureuse, une résolution vail-
lante et un regret compatissant. On y voit bien
l'homme qui veut éloigner de lui le reproche de

partialité, mais qui ne connaît guère les autres
hommes, s'il s'imagine désarmer la vengeance en
faisant appel à une équité souveraine. Il a dû sourire bien tristement depuis en se rappelant l'heure
de naïveté où il écrivit ces pages.

Cette heure d'émotion fut complète, car voici les
aveux intéressants qui s'échappent encore de la plume
du plus tranchant et du moins conciliant de tous
les critiques. Dur à lui-même encore plus qu'aux
autres, il s'écrie : « C'est un abîme (la critique
» sévère) qui s'ouvre devant vous. Parfois il vous
» prend des éblouissements et des vertiges. De ques-
» tions en questions, on arrive à une question der-
» nière et insoluble, le doute universel. Or, c'est
» tout simplement la plus douloureuse de toutes
» les pensées. Je n'en connais pas de plus découra-
» geante, de plus voisine du désespoir..... C'est
» une œuvre mesquine (toujours la critique) et qui
» ne mérite pas même le nom d'œuvre. C'est une
» oisiveté officielle, un perpétuel et volontaire loi-
» sir ; c'est la raillerie douloureuse de l'impuissance,
» le râle de la stérilité ; c'est un cri d'enfer et d'a-
» gonie [1]. »

Tout le reste du chapitre est aussi curieux et
même de plus en plus curieux. C'est la confession,
non pas ingénue et irréfléchie, mais volontaire et

---

[1] Salon de 1831, par M. Gustave Planche. Paris, 1831.

comme désespérée, d'un jeune homme ambitieux de produire quelque chose de grand, qui s'agite dans le collier de misère de la critique, acceptée contre son gré, dans un jour d'incertitude ou de découragement. « *Honte et malheur à moi*, dit-il, » *si je ne puis jamais accepter ou remplir un rôle* » *plus glorieux et plus élevé !* »

Ces plaintes étaient injustes, ce point de vue était faux. Le rôle de critique, bien compris, est un rôle tout aussi grand que celui de créateur, et de grands esprits philosophiques n'ont pas fait autre chose que la critique des idées et des préjugés de leur temps. Cela a bien suffi non-seulement à leur gloire, mais encore aux progrès de leur siècle, car toute œuvre de perfectionnement se compose de deux actes également importants de la volonté humaine, renverser et réédifier. On prétend que l'un est plus malaisé que l'autre; mais si l'on rebâtit difficilement et souvent fort mal, ne serait-ce pas que l'on commence toujours à fonder sur des ruines, et que si ces ruines servent encore de base à nos édifices mal assurés, c'est que le travail de la démolition, de la critique, n'a pas été assez complet et assez profond? D'où il résulte que l'un est aussi rare et aussi difficile que l'autre.

Gustave Planche, en avançant en âge et en réfléchissant mieux, comprit sans doute qu'il s'était trompé en méprisant sa vocation, car il la continua,

et fit bien, non pour son bonheur, ni pour le plus
grand plaisir de ses adversaires, mais pour le progrès de l'*éducation du goût public*, auquel il a sérieusement contribué, en dépit des défauts de sa
manière et des erreurs de son propre goût. S'il a
manqué souvent aux convenances de forme, aux
égards dus au génie lors même qu'on le croit égaré,
aux encouragements dus au talent consciencieux et
patient qui n'est pas le génie, mais qui peut grandir
sous une heureuse influence ; si, en un mot, il a
fait des victimes de son enthousiasme et de son
abattement, de ses heures de puissance et de ses
heures de spleen, il n'en a pas moins mêlé à ses
plus amères préventions contre les individus une
foule d'excellentes choses générales dont la masse
peut profiter, sauf à en faire une application moins
rigide. Il a montré, sur un très-grand nombre de
sujets et d'objets, un goût sûr, éclairé, un sentiment délicat ou grandiose, exprimés d'une manière
élégante, claire et toujours concise malgré l'ampleur.
Sa forme n'a que le défaut d'être un peu trop sculp-
turale et uniforme. On la croirait cherchée et ap-
prêtée, tant elle est parfois pompeuse ; mais c'est
une manière naturelle à cet écrivain, qui produit
avec une grande rapidité et une grande facilité.

Il me fut très-utile, non-seulement parce qu'il
me força, par ses moqueries franches, à étudier un
peu ma langue, que j'écrivais avec beaucoup trop

de négligence, mais encore parce que sa conversation, peu variée mais très-substantielle et d'une clarté remarquable, m'instruisit d'une quantité de choses que j'avais à apprendre pour entrer dans mon petit progrès relatif.

Après quelques mois de relations très-douces et très-intéressantes pour moi, j'ai cessé de le voir pour des raisons personnelles qui ne doivent rien faire préjuger contre son caractère privé, dont je n'ai jamais eu qu'à me louer, en ce qui me concerne.

Mais, puisque je raconte ma propre histoire, il faut bien que je dise que son intimité avait pour moi de graves inconvénients. Elle m'entourait d'inimitiés et d'amertumes violentes. Il n'est pas possible d'avoir pour ami un critique aussi *austère* (je me sers, sans raillerie aucune, du mot qu'il s'appliquait volontiers à lui-même) sans être réputée solidaire de ses aversions et de ses condamnations. Déjà Delatouche n'avait pas voulu se prêter à un raccommodement avec lui, et s'était brouillé avec moi à cause de lui. Tous ceux que Planche avait blessés par des écrits ou des paroles me faisaient un crime de le mettre chez moi en leur présence, et j'étais menacée d'un isolement complet par l'abandon d'amis plus anciens que lui, que je ne devais pas sacrifier, disaient-ils, à un nouveau venu.

J'hésitai beaucoup. Il était malheureux par nature, et il avait pour moi un attachement et un

dévouement qui paraissaient en dehors de sa nature.
J'eusse trouvé lâche de l'éloigner en vue des haines
littéraires que ses éloges m'avaient attirées : on ne
doit rien faire pour les ennemis; mais je sentais
bien que son commerce me nuisait intérieurement.
Son humeur mélancolique, ses théories de dégoût
universel, son aversion pour le laisser aller de l'esprit aux choses faciles et agréables dans les arts,
enfin la tension de raisonnement et la persistance
d'analyse qu'il fallait avoir quand on causait avec
lui, me jetaient à mon tour dans une sorte de
spleen auquel je n'étais que trop disposée à l'époque
où je le connus. Je voyais en lui une intelligence
éminente qui s'efforçait généreusement de me faire
part de ses conquêtes, mais qui les avait amassées
au prix de son bonheur, et j'étais encore dans l'âge
où l'on a plus besoin de bonheur que de savoir.

Le quereller sur la cause fatale de sa tristesse,
cause tout à fait mystérieuse qui doit tenir à son
organisation et que je n'ai jamais pénétrée, parce
qu'il ne la pénétrait sans doute pas lui-même, eût
été injuste et cruel; je ne voulus donc pas entamer
de ces discussions profondes qui achèvent de tuer
le moral quand elles ne le sauvent pas. Je n'étais
pas d'ailleurs dans une disposition apostolique. Je
me sentais abattue et brisée moi-même, car c'était
le temps où j'écrivais *Lélia*, évitant soigneusement
de dire à Planche le fond de mon propre problème,

tant je craignais de le lui voir résoudre par une désespérance sans appel, et ne m'entretenant avec lui
que de la forme et de la poésie de mon sujet.

Cela n'était pas toujours de son goût, et si l'ouvrage est défectueux, ce n'est pas la faute de son
influence, mais bien, au contraire, de celle mon
entêtement.

Je sentais bien, moi, tout en me débattant contre
le doute religieux, que je ne pourrais sortir de cette
maladie mortelle que par quelque révélation impré-
vue du sentiment ou de l'imagination. Aussi je sentais bien que la psychologie de Planche n'était pas
applicable à ma situation intellectuelle.

J'avais même, dans ces temps-là, des éclairs de
dévotion que je cachais avec le plus grand soin à
tous, et à lui particulièrement : à tous, non ! je les
disais à madame Dorval, qui seule pouvait me comprendre. Je me souviens d'être entrée plusieurs fois
alors, vers le soir, dans les églises sombres et silen-
cieuses, pour me perdre dans la contemplation de
l'idée du Christ, et pour prier encore avec des
larmes mystiques comme dans mes jeunes années
de croyance et d'exaltation.

Mais je ne pouvais plus méditer sans retomber
dans mes angoisses sur la justice et la bonté divines,
en regard du mal et de la douleur qui règnent sur
la terre. Je ne me calmais un peu qu'en rêvant à
ce que j'avais pu comprendre et retenir de la *Théo-*

dicée de Leibnitz. C'était ma dernière ancre de salut que Leibnitz! Je m'étais toujours dit que le jour où je le comprendrais bien, je serais à l'abri de toute défaillance de l'esprit.

Je me souviens aussi qu'un jour Planche me demanda si je connaissais Leibnitz, et que je lui répondis *non* bien vite, non pas tant par modestie que par crainte de le lui entendre discuter et *démolir*.

Je n'aurais pourtant pas repoussé Planche d'autour de moi dans un but d'intérêt personnel, même d'un ordre si élevé et si précieux que celui de ma sérénité intellectuelle, sans des circonstances particulières qu'il comprit avec une grande loyauté de désintéressement et sans aucun dépit d'amitié. Pourtant on l'accusa auprès de moi de quelques mauvaises paroles sur mon compte. Je m'en expliquai vivement avec lui. Il les nia sur l'honneur, et par la suite de nombreux témoignages m'affirmèrent la sincérité de sa conduite à mon égard. Je n'ai plus fait que le rencontrer. La dernière fois, ce fut chez madame Dorval, et je crois bien qu'il y a quelque chose comme déjà dix ans de cela.

Je n'ai pourtant pas épuisé le fiel que mon estime pour lui avait amassé contre moi, car, en 1852, à propos d'une préface où j'eus l'impertinence de dire qu'*un critique sérieux, M. Planche, avait seul bien jugé Sédaine, dans ces derniers temps,* des journalistes me firent dire que M. *Planche, le seul cri-*

*tique sérieux de l'époque, avait seul bien jugé ma
pièce.* C'était une interprétation un peu tiraillée, on
le voit; mais la prévention n'y regarde pas de si
près. Cela donna lieu à une petite campagne de
feuilletons contre moi. Voici l'occasion d'en faire
une bien plus brillante, car je dis encore que Planche est un des critiques les plus sérieux de ce temps-
ci; le plus sérieux, hélas! si l'on applique ce mot à
l'absence totale de bonheur et d'enjouement! car il
est facile de voir, à ses écrits, qu'il n'a pas encore
trouvé en ce monde le plus petit mot pour rire.

S'il y a de sa faute dans ce continuel déplaisir,
n'oublions pas que nous disons souvent d'un malade
qui s'aigrit et se décourage : C'est sa faute! — et
qu'en disant cela, nous sommes assez cruels, sans
y prendre garde. Quand la maladie nous empoigne,
nous sommes plus indulgents pour nous-mêmes et
nous trouvons légitime de crier et de nous plaindre.
Eh bien, il y a des intelligences fatalement souf-
frantes d'un certain rêve qu'elles nous paraissent
s'obstiner à caresser au détriment de tout le reste.
Que ce rêve s'applique aux arts ou aux sciences,
au passé ou au présent, il n'en est pas moins une
idée fixe produite par une faculté idéaliste pronon-
cée, et, dans l'impossibilité où cette faculté se trouve
de transiger avec elle-même, il n'y a pas de prise
pour les conseils et les reproches du dehors.

Un autre caractère mélancolique, un autre esprit

éminent était Charles Didier. Il fut un de mes meilleurs amis, et nous nous sommes refroidis, séparés,
perdus de vue. Je ne sais pas comment il parle de
moi aujourd'hui ; je sais seulement que je peux
parler de lui à ma guise.

Je ne dirai pas comme Montesquieu : « Ne nous
» croyez pas quand nous parlons l'un de l'autre ;
» nous sommes brouillés. » — Je me sens plus forte
que cela, à cette heure où je résume ma vie avec le
même calme et le même esprit de justice que si j'é-
tais, avec la pleine possession de ma lucidité, *in
articulo mortis.*

Je regarde donc dans le passé, et j'y vois entre
Didier et moi quelques mois de dissentiment et quelques mois de ressentiment. Puis, pour ma part, de
longues années de cet oubli qui est ma seule vengeance des chagrins que l'on m'a causés, avec ou
sans préméditation. Mais, en deçà de ces malen-
tendus et de ce parti pris, je vois cinq ou six années
d'une amitié pure et parfaite. Je relis des lettres
d'une admirable sagesse, les conseils d'un vrai dévouement, les consolations d'une intelligence des
plus élevées. Et maintenant que le temps de l'oubli
est passé pour moi, maintenant que je sors de ce
repos volontaire, nécessaire peut-être, de ma mémoire, ces années bénies sont là, devant moi,
comme la seule chose utile et bonne que j'aie à constater et à conserver dans mon cœur.

Charles Didier était un homme de génie, non pas sans talent, mais d'un talent très-inférieur à son génie. Il se révélait par éclairs, mais je ne sache pas qu'aucun de ses ouvrages ait donné issue complète au large fonds d'intelligence qu'il portait en lui-même. Il m'a semblé que son talent n'avait pas progressé après *Rome souterraine*, qui est un fort beau livre. Il se sentait impuissant à l'expansion littéraire complète, et il en souffrait mortellement. Sa vie était traversée d'orages intérieurs contre la réalité desquels son imagination n'était peut-être pas assez vive pour réagir. La gaieté où nous voulions quelquefois l'entraîner, et où il se laissait prendre, lui faisait plus de mal que de bien. Il la payait, le lendemain, par une inquiétude ou un accablement plus profonds, et ce monde d'idéale candeur que la bonhomie et le laisser aller de l'esprit des autres faisaient et font encore apparaître devant moi fuyait devant lui comme une déception folle.

Je l'appelais mon ours, et même mon ours blanc, parce que, avec une figure encore jeune et belle, il avait cette particularité d'une belle chevelure blanchie longtemps avant l'âge: C'était l'image de son âme, dont le fond était encore plein de vie et de force, mais dont je ne sais quelle crise mystérieuse avait déjà paralysé l'effusion.

Sa manière, brusquement grondeuse, ne fâchait

aucun de nous. On plaignait cette sorte de misanthropie sous laquelle persistaient des qualités solides
et des dévouements aimables ; on la respectait
quand même elle devenait chagrine et trop facilement accusatrice. Il se laissait ramener, et c'était
un homme d'une assez haute valeur pour qu'on pût
être fier de l'avoir influencé quelque peu.

En politique, en religion, en philosophie et en
art, il avait des vues toujours droites et quelquefois
si belles, que, dans ses rares épanchements, on sentait la supériorité de son être voilé à son être révélé.

Dans la pratique de la vie, il était de bon conseil,
bien que son premier mouvement fût empreint d'une
trop grande méfiance des hommes, des choses et de
Dieu même. Cette méfiance avait le fâcheux effet
de me mettre en garde contre ses avis, qui souvent
eussent été meilleurs à suivre, pourtant, que ceux
que je recevais de mon propre instinct.

C'était un esprit préoccupé, autant que le mien
alors, de la recherche des idées sociales et religieuses. J'ignore absolument quelle conclusion il a
trouvée. J'ignore même, là où je suis, s'il a publié
récemment quelque ouvrage. J'ai ouï parler, il y a
quelques années, d'une brochure légitimiste qu'on
lui reprochait beaucoup. Je n'ai pu me la procurer
alors, et aujourd'hui je ne l'ai pas encore lue. Je ne
saurais croire, si cette brochure est dans le sens
qu'on m'a dit, que l'expression n'ait pas trahi la

pensée véritable de l'auteur, ainsi qu'il arrive souvent, même aux écrivains habiles. Mais si le point
de vue de Charles Didier a changé entièrement, je
saurais encore moins croire qu'il n'y ait pas chez lui
une conviction désintéressée.

Je fermerai ici cette galerie de personnes amies
dans le présent ou dans le passé, pour entreprendre
plus tard une nouvelle série d'appréciations, à mesure que de nouvelles figures intéressantes m'appa-
raîtront dans l'ordre de mes souvenirs. Ce ne sera
probablement pas un ordre complétement exact,
car il faudra qu'il se prête aux pauses qu'il me sera
possible de faire dans la narration de ma propre
existence ; mais il ne sera pas interverti à dessein,
ni d'une manière qui entraîne ma mémoire à de
notables infidélités.

Je ne m'engage pas, je le redis une fois de plus,
à parler de toutes les personnes que j'ai connues,
même d'une manière particulière. J'ai dit qu'à l'é-
gard de quelques-unes ma réserve ne devait rien
faire préjuger contre l'estime qu'elles pouvaient mé-
riter, et je vais dire ici un des principaux motifs de
cette réserve.

Des personnes dont j'étais disposée à parler avec
toute la convenance que le goût exige, avec tout le
respect dû à de hautes facultés, ou tous les égards
auxquels a droit tout contemporain, quel qu'il soit ;
des personnes enfin qui eussent dû me connaître

13.

assez pour être sans inquiétude, m'ont témoigné, ou
fait exprimer par des tiers, de vives appréhensions
sur la part que je comptais leur faire dans ces mé-
moires.

A ces personnes-là, je n'avais qu'une réponse à
faire, qui était de leur promettre de ne leur assigner
aucune part, bonne ou mauvaise, petite ou grande,
dans mes souvenirs. Du moment qu'elles doutaient
de mon discernement et de mon savoir-vivre dans
un ouvrage tel que celui-ci, je ne devais pas songer
à leur donner confiance en mon caractère d'écrivain, mais bien à les rassurer d'une manière spontanée et absolue par la promesse de mon silence.

Aucune de celles que je viens de dépeindre n'a
fait à mon cœur la petite injure de se préoccuper
du jugement de mon esprit. Et cependant je n'ai
pas caché que quelques méprises, quelques fâche-
ries ont passé entre deux ou trois d'entre elles et
moi; mais je n'ai même pas voulu examiner et
juger ces mésintelligences passagères, où j'ai porté,
moi, et je m'en accuse, plus de franchise que de
douceur. J'ai été d'autant mieux disposée à repousser toute espèce de soupçon sur le passé, qu'elles ne
m'en témoignaient aucun, à moi, sur l'avenir.

Je crois décidément que les personnes qui se sont
tourmentées de cette opinion ont eu grand tort, et
qu'elles eussent mieux fait de se confier à mon jugement rétrospectif.

CHAPITRE SEPTIÈME

Je reprends mon récit. — J'arrive à dire des choses fort délicates, et je les dis exprès sans délicatesse, les trouvant
ainsi plus chastement dites. — Opinion de mon ami Dutheil
sur le mariage. — Mon opinion sur l'amour. — Marion de
Lorme. — Deux femmes de Balzac. — L'orgueil de la
femme. — L'orgueil humain en général. — Les *Lettres
d'un voyageur :* mon plan au début. — Comme quoi le
voyageur était moi, et comme quoi il n'était pas moi. —
Maladies physiques et morales agissant les unes sur les
autres.

J'ai dit précédemment qu'après mon retour d'I-
talie, 1834, j'avais éprouvé un grand bonheur à
retrouver mes enfants, mes amis, ma maison ;
mais ce bonheur fut court. Mes enfants ni ma maison ne m'appartenaient, moralement parlant. Nous
n'étions pas d'accord, mon mari et moi, sur la gouverne de ces humbles trésors. Maurice ne recevait
pas, au collége, l'éducation conforme à ses instincts,
à ses facultés, à sa santé. Le foyer domestique subissait des influences tout à fait anormales et dan-
gereuses. C'était ma faute, je l'ai dit, mais ma faute
fatalement, et sans que je pusse trouver dans ma

volonté, ennemie des luttes journalières et des querelles de ménage, la force de dominer la situation.

Un de mes amis, Dutheil, qui eût voulu rendre
possible la durée de cette situation, me disait que
je pouvais m'en rendre maîtresse en devenant la
maîtresse de mon mari. Cela ne pouvait me convenir en aucune façon. Les rapprochements sans
amour sont quelque chose d'ignoble à envisager.
Une femme qui recherche son mari dans le but de
s'emparer de sa volonté fait quelque chose d'analogue à ce que font les prostituées pour avoir du
pain et les courtisanes pour avoir du luxe. Ce sont
de telles réconciliations qui font d'un époux un
jouet méprisable et une dupe ridicule.

Dutheil, en discutant contre moi, élevait la question autant que possible, et, bien qu'il fût souvent
cynique en paroles, il avait trop d'intelligence pour
ne pas comprendre qu'avec moi il fallait idéaliser
le but. Il invoquait donc mon amour pour mes
enfants et l'intérêt de leur avenir.

A cette considération sacrée, je ne pouvais opposer qu'un instinct de répugnance, mais un instinct
si profond, si absolu, que je dus réfléchir, pour me
rendre compte de la valeur que je devais lui ac-
corder dans ma conscience.

Une répugnance physique serait communément
acceptée comme une excuse suffisante; je ne la
trouverais pas suffisante, moi. Le devoir fait sur-

monter ces répugnances-là. On touche à des plaies
infectes pour soulager un malade, même un malade
que l'on n'aime pas et que l'on ne connaît pas.

D'ailleurs mon mari ne m'inspirait aucun dégoût
instinctif, il ne m'inspirait pas non plus d'aversion
morale. Je ne demandais qu'à l'aimer fraternelle-
ment comme je m'y étais sentie disposée en rece-
vant la première offre de notre association.

Mais quand une fille chaste se décide au mariage,
elle ne sait pas du tout en quoi consiste le mariage, et peut prendre pour l'amour tout ce qui
n'est pas l'amour. A trente ans, une femme ne
peut plus se faire de vagues illusions, et, pour peu
qu'elle ait de cœur et d'intelligence, elle sait le
prix, je ne dis pas de sa personne, la personne
pourrait se résigner à être humble si elle pouvait se
donner seule, comme une chose, mais de son être
complet et indivisible.

Voilà ce que je n'aurais pu faire comprendre à
mon mari, dont les idées étaient autres, mais ce
que je fis comprendre à Dutheil, dont le cerveau
arrivait aisément à la compréhension de ce qu'il
traitait, dans la pratique, de raffinement et de
subtilités romanesques.

« L'amour n'est pas un calcul de pure volonté,
lui disais-je. Les mariages de raison sont une erreur
où l'on tombe, ou un mensonge qu'on se fait à soi-
même. Nous ne sommes pas seulement corps, ou

seulement esprit ; nous sommes corps et esprit tout
ensemble. Là où l'un de ces agents de la vie ne
participe pas, il n'y a pas d'amour vrai.

» Si le corps a des fonctions dont l'âme n'a point
à se mêler, comme de manger et de digérer [1],
l'union de deux êtres dans l'amour peut-il s'assimiler à ces fonctions-là? La seule pensée en est
révoltante. Dieu, qui a mis le plaisir et la volupté
dans les embrassements de toutes les créatures,
même dans ceux des plantes, n'a-t-il pas donné le
discernement à ces créatures en proportion de leur
degré de perfectionnement dans l'échelle des êtres?
L'homme étant le plus élevé, le plus complet de
tous, n'a-t-il pas le sentiment ou le rêve de cette
union nécessaire du sens physique et du sens intellectuel et moral, dans la possession ou dans l'aspiration de ses jouissances? »

Je disais là, j'espère, un lieu commun des mieux
conditionnés. Et pourtant cette vérité incontestable
est si peu observée dans la pratique, que les créatures humaines s'approchent et que les enfants des
hommes naissent par milliers sans que l'amour, le
véritable amour, ait présidé une fois sur mille à ces
actes sacrés de la reproduction.

Le genre humain se perpétue quand même, et

---

[1] Et encore les vrais gourmands jouissent par l'imagination plus que par le sens, disent-ils.

s'il n'y était jamais convié que par l'amour vrai, il
faudrait peut-être, pour arrêter la dépopulation,
revenir aux étranges idées du maréchal de Saxe sur
le mariage. Mais il n'en est pas moins vrai que le
vœu de la Providence, je dirai même la loi divine,
est transgressé chaque fois qu'un homme et une
femme unissent leurs lèvres sans unir leurs cœurs
et leurs intelligences. Si l'espèce humaine est encore si loin du but où la beauté de ses facultés peut
aspirer, en voilà une des causes les plus générales
et les plus funestes.

On dit en riant qu'il n'est pas si difficile de pro-
créer : Il ne faut que se mettre deux. — Eh bien,
non, il faut être trois : un homme, une femme, et
Dieu en eux. Si la pensée de Dieu est étrangère à
leur extase, ils feront bien un enfant, mais ils ne
feront pas un homme. L'homme complet ne sortira
jamais que de l'amour complet. Deux corps peuvent s'associer pour produire un corps, mais la
pensée peut seule donner la vie à la pensée. Aussi
que sommes-nous? Des hommes qui aspirent à être
hommes, et rien de plus jusqu'à présent ; des êtres
passifs, incapables et indignes de la liberté et de
l'égalité, parce que, pour la plupart, nous sommes
nés d'un acte passif et aveugle de la volonté.

Et encore fais-je ici trop d'honneur à cet acte en
l'appelant acte de volonté. Là où le cœur et l'esprit
ne se manifestent pas, il n'y a pas de volonté véri-

table. L'amour est là un acte de servage que su-
bissent deux êtres esclaves de la matière. « *Heureusement*, me répondait Dutheil, le genre humain n'a
pas besoin de ces sublimes aspirations pour trouver
ses fonctions génératrices agréables et faciles ; » —
moi, je disais *malheureusement*.

Et quoi qu'il en soit, ajoutais-je, quand une créature humaine, qu'elle soit homme ou femme, s'est
élevée à la compréhension de l'amour complet, il
ne lui est plus possible, et disons mieux, il ne lui
est plus permis de revenir sur ses pas et de faire
acte de pure animalité. Quelle que soit l'intention,
quel que soit le but, sa conscience doit dire non,
quand même son appétit dirait oui. Et si l'un et
l'autre se trouvent parfaitement d'accord en toute
occasion pour dire ensemble oui ou non, comment
douter de la force religieuse de cette protestation
intérieure ?

Si vous faites intervenir les considérations de
pure utilité, ces intérêts de la famille où l'égoïsme
se pare quelquefois du nom de morale, vous tour-
nerez autour du vrai sans l'entamer. Vous aurez
beau dire que vous sacrifiez, non à une tentation
de la chair, mais à un principe de vertu, vous ne
ferez pas fléchir la loi de Dieu à ce principe purement humain. L'homme commet à toute heure, sur
la terre, un sacrilége qu'il ne comprend pas, et
dont la divine sagesse peut l'absoudre en vue de son

ignorance : mais elle n'absoudra pas de même celui qui a compris l'idéal et qui le foule aux pieds. Il n'y a pas, au pouvoir de l'homme, de raison personnelle ou sociale assez forte pour l'autoriser à transgresser une loi divine, quand cette loi a été clairement révélée à sa raison, à son sentiment, à ses sens même.

Quand Marion Delorme se livre à Laffemas, qu'elle abhorre, pour sauver la vie de son amant, la sublimité de son dévouement n'est qu'une sublimité relative. Le poëte a fort bien compris qu'une courtisane seule, c'est-à-dire une femme habituée, dans le passé, à faire bon marché d'elle-même, pouvait accepter par amour la dernière des souillures. Mais quand Balzac, dans la *Cousine Bette*, nous montre une femme pure et respectable s'offrir, en tremblant, à un ignoble séducteur pour sauver sa famille de la ruine, il trace avec un art infini une situation possible; mais ce n'en est pas moins une situation odieuse, où l'héroïne perd toutes nos sympathies. Pourquoi Marion Delorme les garde-t-elle, en dépit de son abaissement? C'est parce qu'elle ne comprend pas ce qu'elle fait; c'est parce qu'elle n'a pas, comme l'épouse légitime et la mère de famille, la conscience du crime qu'elle commet.

Balzac, qui cherchait et osait tout, a été plus loin : il nous a montré, dans un autre roman, une femme provoquant et séduisant son mari qu'elle

n'aime pas, pour le préserver des piéges d'une autre
femme. Il s'est efforcé de relever la honte de cette
action, en donnant à cette héroïne une fille dont
elle veut conserver la fortune. Ainsi, c'est l'amour
maternel surtout qui la pousse à tromper son mari
par quelque chose de pire peut-être qu'une infidélité, par un mensonge de la bouche, du cœur et
des sens.

Je n'ai pas caché à Balzac que cette histoire, dont
il disait le fond réel, me révoltait au point de me
rendre insensible au talent qu'il avait déployé en la
racontant. Je la trouvais immorale sans me gêner,
moi à qui l'on reprochait d'avoir fait des livres
immoraux.

Et, à mesure que j'ai interrogé mon cœur, ma
conscience et ma religion, je suis devenue encore
plus rigide dans ma manière de voir. Non-seulement
je regarde comme un péché mortel (il me plaît de
me servir de ce mot, qui exprime bien ma pensée,
parce qu'il dit que certaines fautes tuent notre âme);
je regarde comme un péché mortel non-seulement
le mensonge des sens dans l'amour, mais encore
l'illusion que les sens chercheraient à se faire dans
les amours incomplets. Je dis, je crois, qu'il faut
aimer avec tout son être, ou vivre, quoi qu'il arrive,
dans une complète chasteté. Les hommes n'en feront
rien, je le sais; mais les femmes, qui sont aidées
par la pudeur et par l'opinion, peuvent fort bien,

quelle que soit leur situation dans la vie, accepter
cette doctrine quand elles sentent qu'elles valent la
peine de l'observer.

Pour celles qui n'ont pas le moindre orgueil, je
ne saurais rien trouver à leur dire.

Ce mot d'orgueil, dont je me suis servie beaucoup
à cette époque en écrivant, me revient maintenant
avec sa véritable signification. J'oublie si parfaitement ce que j'écris, et j'ai tant de répugnance à me
relire, qu'il m'a fallu recevoir ces jours-ci une
lettre où quelqu'un se donnait la peine de me transcrire une foule d'aphorismes de ma façon, tirés des
Lettres d'un voyageur, en m'adressant, à ce sujet,
une foule de questions, pour me décider à prendre
connaissance de mon livre, que j'avais fort oublié,
selon ma coutume.

Je viens donc de relire les *Lettres d'un voyageur*
de septembre 1834 et de janvier 1835, et j'y retrouve le plan d'un ouvrage que je m'étais promis
de continuer toute ma vie. Je regrette beaucoup de
ne l'avoir pas fait. Voici quel était ce plan, suivi
au début de la série, mais dont je me suis écartée
en continuant, et que je semble avoir tout à fait
perdu de vue à la fin. Cet abandon apparent vient
surtout de ce que j'ai réuni sous le même titre de
Lettres d'un voyageur diverses lettres ou séries de
lettres qui ne rentraient pas dans l'intention et dans
la manière des premières.

Cette intention et cette manière consistaient, dans ma pensée primitive, à rendre compte des dispositions successives de mon esprit d'une façon naïve et arrangée en même temps. Je m'explique, pour ceux qui ne se souviennent pas de ces lettres, ou qui ne les connaissent pas, car pour qui les connaît l'explication est inutile.

Je sentais beaucoup de choses à dire, et je voulais les dire à moi et aux autres. Mon individualité était en train de se faire; je la croyais finie, bien qu'elle eût à peine commencé à se dessiner à mes propres yeux, et, malgré cette lassitude qu'elle m'inspirait déjà, j'en étais si vivement préoccupée, que j'avais besoin de l'examiner et de la tourmenter, pour ainsi dire, comme un métal en fusion jeté par moi dans un moule.

Mais comme je sentais dès lors qu'une individualité isolée n'a pas le droit de se déclarer sans avoir à son service quelque bonne conclusion utile pour les autres, et que je n'avais pas du tout cette conclusion, je voulais généraliser mon propre personnage en le modifiant. Moi qui n'avais encore que trente ans et qui n'avais guère vécu que d'une vie intérieure; moi qui n'avais fait que jeter un regard effrayé sur les abîmes des passions et les problèmes de la vie; moi enfin qui n'en étais encore qu'au vertige des premières découvertes, je ne me sentais réellement pas le droit de parler de moi tout à fait

réellement. Cela eût donné trop peu de portée à mes
réflexions sur les idées générales, trop d'affirmation
à mes plaintes particulières. Il m'était bien permis
de philosopher à ma manière sur les peines de la
vie et d'en parler comme si j'en avais épuisé la coupe,
mais non pas de me poser, moi femme, jeune encore, et même encore très-enfant à beaucoup d'é-
gards, comme un penseur éprouvé ou comme une
victime particulière de la destinée. Décrire mon *moi*
réel eût été d'ailleurs une occupation trop froide
pour mon esprit exalté. Je créai donc, au hasard de
la plume, et me laissant aller à toute fantaisie, un
moi fantastique très-vieux, très-expérimenté et
partant très-désespéré.

Ce troisième état de mon *moi* supposé, le désespoir, était le seul vrai, et je pouvais, en me laissant
aller à mes idées noires, me placer dans la situation
du vieil oncle, du vieux voyageur que je faisais
parler. Quant au cadre où je le faisais mouvoir, je
n'en pouvais trouver de meilleur que le milieu où
j'existais, puisque c'était l'impression de ce milieu
sur moi-même que je voulais raconter et décrire.

En un mot, je voulais faire le propre roman de
ma vie et n'en être pas le personnage réel, mais le
personnage pensant et analysant. Et encore, tout
en étant ce personnage, je voulais étendre son point
de vue à une expérience de malheur que je n'avais
pas, que je ne pouvais pas avoir.

Je prévis bien que la fiction n'empêcherait pas
le public de vouloir chercher et définir mon *moi*
réel à travers le masque du vieillard. Il en fut ainsi
pour quelques lecteurs ; et un avocat *trop intelligent*
voulut, dans mon procès en séparation, me rendre
responsable, en tant que *partie adverse,* de tout ce
que j'avais fait dire au voyageur. Du moment que
je parlais à la première personne, cela lui suffisait
pour m'accuser de tout ce dont le pauvre voyageur
s'accuse, à un point de vue poétique et métaphori-
que. J'avais des vices, j'avais commis des crimes,
n'était-ce pas évident ? Le voyageur, le vieil oncle,
ne présentait-il point sa vie passée comme un abîme
d'enivrements, et sa vie présente comme un abîme
de remords ? En vérité, si j'avais pu, en moins de
quatre ans, car il n'y avait pas quatre ans que
j'avais quitté le bercail où la rigidité de ma vie
avait été facile à constater ; si j'avais pu en si peu
d'années acquérir toute l'expérience du bien et du
mal que s'attribuait mon voyageur, je serais un être
fort extraordinaire, et, en tout cas, je n'aurais pas
vécu au fond d'une mansarde comme je l'avais fait,
entourée de cinq ou six personnes d'humeur grave
ou poétique comme la mienne.

Mais peu importe ce qui me fut imputé comme
personnel et réel dans les *Lettres d'un oncle*, car
c'est sous ce titre que parurent d'abord les quatrième et cinquième numéros des *Lettres d'un voya-*

geur, et c'est sous ce titre que je m'étais promis de continuer dans la même donnée. C'eût été, je crois, un bon livre, je ne dis pas beau, mais intéressant et vivant, plus utile par conséquent que les romans où notre personnalité, à force de se disséminer dans des types divers et de s'égarer dans des situations fictives, arrive à disparaître pour nous-mêmes.

Je reviendrai sur les autres lettres de ce recueil; je ne m'occupe ici que des deux numéros que je viens de citer, et je dois dire que sous cette fiction-là il y avait une réalité bien profonde pour moi, le dégoût de la vie. On a vu que c'était un vieux mal chronique, éprouvé et combattu dès ma première jeunesse, oublié et repris comme un fâcheux compagnon de voyage qu'on croit avoir laissé loin derrière soi, et qui tout à coup revient se traîner sur vos talons. Je cherchais le secret de cette tristesse, qui ne m'avait pas quittée à Venise et qui me reprenait plus amère au retour, dans des faits extérieurs, dans des causes immédiates, et elle n'y était réellement pas. Je dramatisais de bonne foi ces causes, et j'en exagérais, non le sentiment, il était poignant dans mon cœur, mais l'importance absolue. Pour avoir été déçue dans quelques illusions, je faisais le procès à toutes mes croyances; pour avoir perdu le calme et la confiance de mes pensées d'autrefois, je me persuadais ne pouvoir plus vivre.

La vraie cause, je la vois très-clairement aujour-

d'hui. Elle était physique et morale, comme toutes
les causes de la souffrance humaine, où l'âme n'est
pas longtemps malade sans que le corps s'en res-
sente, et réciproquement. Le corps souffrait d'un
commencement d'hépatite qui s'est manifestée clairement plus tard et qui a pu être combattue à
temps. Je la combats encore, car l'ennemi est en
moi et se fait sentir au moment où je le crois endormi. Je crois que ce mal est proprement le *spleen*
des Anglais, causé par un engorgement du foie.
J'en avais le germe ou la prédisposition sans le
savoir; ma mère l'avait et en est morte. Je dois
en mourir comme elle, et nous devons tous mourir de quelque mal que l'on porte en soi-même,
à l'état latent, dès l'heure de sa naissance. Toute
organisation, si heureuse qu'elle soit, est pour-
vue de sa cause de destruction, soit physique et
devant agir sur le système moral et intellectuel,
soit morale et devant agir sur les fonctions de
l'organisme.

Que ce soit la bile qui m'ait rendue mélancolique,
ou la mélancolie qui m'ait rendue bilieuse (ceci ré-
soudrait un grand problème métaphysique et phy-
siologique : je ne m'en charge pas), il est certain
que les vives douleurs au foie ont pour symptômes,
chez tous ceux qui y sont sujets, une tristesse profonde et l'envie de mourir. Depuis cette première
invasion de mon mal, j'ai eu des années heureuses,

et lorsqu'il revenait me saisir, bien que je fusse dans des conditions favorables à l'amour de la vie, je me sentais tout à coup prise du désir de l'éternel repos.

Mais si le mal physique est fallacieux dans ses effets sur l'âme, l'âme réagit, je ne dirai pas par sa volonté immédiate, qui est souvent paralysée par ce mal même, mais par sa disposition générale et par ses croyances acquises. Depuis que je n'ai plus ces doutes amers où la pensée dangereuse du néant arrive à être une volupté irrésistible, depuis que cet éternel repos dont je parlais tout à l'heure m'est démontré illusoire, depuis enfin que je crois à une éternelle activité au delà de cette vie, la pensée du suicide n'est plus que passagère et facilement vaincue par la réflexion. Et quant aux noires illusions du malheur en ce monde, produites par l'hépatite, je ne saurais plus les prendre au sérieux comme au temps où j'ignorais que la cause était en moi-même. Je les subis encore, mais non pas d'une manière aussi complète que par le passé. Je me débats pour écarter ces voiles qui tombent comme de lourds orages sur l'imagination. On est alors dans la disposition singulière où nous jettent quelquefois les songes, quand on se dit, au milieu d'apparitions désagréables, qu'on sait fort bien être endormi, et que l'on s'agite dans son lit pour se réveiller.

Quant à la cause morale indépendante de la cause physique, je l'ai dite, je la dirai encore, car j'écris pour ceux qui souffrent comme j'ai souffert, et je ne saurais trop m'expliquer sur ce point.

FIN DU TOME NEUVIÈME.

TABLE

DU TOME NEUVIÈME.

QUATRIÈME PARTIE.

(*Suite.*)

CINQUIÈME PARTIE.

CHAPITRE PREMIER.

CHAPITRE DEUXIÈME.

CHAPITRE SEPTIÈME.

FIN DE LA TABLE.